智库中社

国家智库报告 2018（5）
National Think Tank

社会·政法

精准扶贫：
理论、路径与和田思考

王灵桂　侯波　著

TARGETED POVERTY ALLEVIATION: THE THEORY, PATH
AND THINKING OF HETIAN PREFECTURE

中国社会科学出版社

图书在版编目（CIP）数据

精准扶贫：理论、路径与和田思考／王灵桂，侯波著．—北京：中国社会科学出版社，2018.3（2018.11重印）

（国家智库报告）

ISBN 978 - 7 - 5203 - 2119 - 8

Ⅰ.①精…　Ⅱ.①王…②侯…　Ⅲ.①扶贫—研究—中国　Ⅳ.①F126

中国版本图书馆 CIP 数据核字（2018）第 034714 号

出 版 人	赵剑英	
责任编辑	王　茵	
责任校对	胡新芳	
责任印制	李寡寡	

出　　　版	中国社会科学出版社	
社　　　址	北京鼓楼西大街甲 158 号	
邮　　　编	100720	
网　　　址	http://www.csspw.cn	
发 行 部	010 - 84083685	
门 市 部	010 - 84029450	
经　　　销	新华书店及其他书店	

印刷装订	北京君升印刷有限公司	
版　　　次	2018 年 3 月第 1 版	
印　　　次	2018 年 11 月第 2 次印刷	

开　　　本	787×1092　1/16	
印　　　张	13	
插　　　页	2	
字　　　数	180 千字	
定　　　价	58.00 元	

凡购买中国社会科学出版社图书，如有质量问题请与本社营销中心联系调换

电话：010 - 84083683

精准扶贫思想是习近平新时代中国特色社会主义思想的重要组成部分

党的十八大以来，习近平总书记从党和国家发展全局的战略高度，将扶贫开发工作放到了治国理政的重要位置，作为事关全面建成小康社会、实现第一个一百年奋斗目标的重大战略任务，明确将扶贫开发纳入"五位一体"总体布局和"四个全面"战略布局进行决策部署。五年多来，我国贫困治理体系不断创新完善，贫困治理能力逐步提高，精准扶贫脱贫理论不断丰富和发展，消除贫困、改善民生、实现共同富裕的精准扶贫思想已经成为习近平新时代中国特色社会主义思想的重要组成部分。

精准扶贫是习近平总书记历来高度关注的重要工作，是全面建成小康社会决胜阶段指导我国扶贫工作的重要方针。2012年12月29日至30日，党的十八大刚刚闭幕，习近平总书记就深入河北省阜平县，通过进村入户看真贫，提出了科学扶贫、内源扶贫等重要思想，并专门强调指出，"消除贫困、改善民生、实现共同富裕，是社会主义的本质要求"①。2013年11月，习总书记到湖南省湘西州考察扶贫开发工作时，进一步强调指出，"扶贫要实事求是，因地制宜。要精准扶贫，切忌喊口号，

---

① 《习近平谈治国理政》，外文出版社 2014 年版，第 189 页。

也不要定好高骛远的目标"①。自此之后，习总书记每到地方调研时，都把扶贫开发作为重要内容，不断丰富和发展精准扶贫的内涵，先后提出了"精细化管理、精确化配置、精确化扶持"、"扶贫对象精准、项目安排精准、资金使用精准、措施到户精准、因村派人精准、脱贫成效精准"和"通过扶持生产和就业发展一批，通过异地搬迁安置一批、通过生态保护脱贫一批、通过教育扶贫脱贫一批、通过低保政策兜底一批"等重要思想。2017 年 2 月 21 日，习总书记在主持以更好实施精准扶贫为主题的中共中央政治局第三十九次集体学习时专门强调指出，"农村贫困人口如期脱贫、贫困县全部摘帽、解决区域性整体贫困，是全面建成小康社会的底线任务，是我们做出的庄严承诺"②。在党的十九大报告中，习总书记谆谆告诫全党同志，"全党必须牢记，为什么人的问题，是检验一个政党、一个政权性质的试金石。带领人民创造美好生活，是我们党始终不渝的奋斗目标。必须始终把人民利益摆在至高无上的地位，让改革发展成果更多更公平惠及全体人民，朝着实现全体人民共同富裕不断迈进"，"坚决打赢脱贫攻坚战。让贫困人口和贫困地区同全国一道进入全面小康社会是我们党的庄严承诺。要动员全党全国全社会力量，坚持精准扶贫、精准脱贫"，"坚持大扶贫格局，注重扶贫同扶志、扶智相结合，深入实施东西部扶贫协作，重点攻克深度贫困地区脱贫任务，确保到 2020 年我国现行标准下农村贫困人口实现脱贫，贫困县全部摘帽，解决区域性整体贫困，做到脱真贫、真脱贫"③。以上论述充分表明，习近

①　何毅亭主编：《以习近平同志为核心的党中央治国理政新理念新思想新战略》，人民出版社 2017 年版，第 103 页。

②　《习近平主持中共中央政治局第三十九次集体学习》，新华网，2017 年 2 月 22 日。

③　习近平：《决胜全面建成小康社会　夺取新时代中国特色社会主义伟大胜利——在中国共产党第十九次全国代表大会上的报告》，载于《党的十九大报告辅导读本》，人民出版社 2017 年版，第 47 页。

平精准扶贫思想不仅明确了新时代脱贫攻坚的基本方略、工作机制、重点任务和总体目标，而且为打赢脱贫攻坚战提供了行动指南和根本遵循。

精准扶贫是新时代的中国共产党人不忘初心、砥砺前行的重要体现和载体。2015 年 10 月 16 日，习近平总书记在国际减贫与发展高层论坛上，面对众多国际组织和各国代表，积极呼应和推动 2015 年后发展议程落实，并设身处地地就扶贫工作深情地回顾说："40 多年来，我先后在中国县、市、省、中央工作，扶贫始终是我工作的一个重要内容，我花的精力最多。"①确实，中国共产党作为致力于为人民服务和谋福利的政党，历来把人民的福祉作为自己的初心。党的十八大，以习近平总书记为核心的党中央，更是进一步明确，消除贫困、改善民生、实现共同富裕，是社会主义的本质要求，是中国共产党的重要使命；共同富裕是中国特色社会主义的本质要求，是中国特色社会主义的核心追求。如果让部分地区人民的贫困状况长期得不到改变，人民的生活水平长期得不到明显提高，那就体现不出我国社会主义制度的优越性，那也不是社会主义。以习总书记为核心的党中央正是基于这个重大判断，做出了对每个困难的人进行扶贫的重大战略决策，这也正是习近平精准扶贫思想的核心和要旨所在。同时，作为世界上人口最多的国家，作为世界上最大的发展中国家，我们按照习总书记的要求和部署，在"十三五"期间将现行标准下的贫困人口全部脱贫，既能让中国人民更加坚定"四个自信"，更能让世界各国人民，尤其是广大发展中国家人民感受到中国道路、中国模式、中国经验的强大生命力，感受到中国共产党人砥砺前行为中国和世界各国人民谋福祉的强大初心。

---

① 习近平：《携手消除贫困　促进共同发展——在 2015 国际减贫与发展高层论坛上的主旨演讲》，人民网，2015 年 10 月 17 日。

完成精准扶贫任务是落实中央全面建成小康社会、实现第一个一百年奋斗目标的标志性指标。当前，扶贫进入到"深水区"、"攻坚期"，尤其需要动员和凝聚全社会的力量，形成脱贫攻坚的强大合力。党的十八大以来，在以习近平同志为核心的党中央的坚强领导下，精准扶贫工作取得了巨大成效，圆满完成了既定的脱贫目标。但是，我们也应该看到，目前尚未脱贫的人口主要分布在革命老区、民族地区、边疆地区等地，基础条件差、开发成本高、脱贫难度大，而到2020年，我们要全面建成小康社会，每年需要减贫1200万人，也就是说每个月要减贫100万人。因此，在精准扶贫已经进入了啃硬骨头、攻坚拔寨冲刺阶段的关键时期，落实习总书记的精准扶贫要求，就需要全党全国人民共同努力，不断提高扶贫攻坚的精准度和有效性，面对特困地区、贫困群众、特困家庭，汇智聚力，通过不断完善精准扶贫机制，努力扶到点上、扶到根上。

中国社会科学院作为党中央、国务院的智囊团和最大的国家级高端智库，学习贯彻好党的十九大精神，关键是要以习近平新时代中国特色社会主义思想指导和统领我们的一切研究工作。其中，以中国社科院的智力资源，努力服务精准扶贫工作，就是我们的一项重要工作。这也是我们作为学术单位和智囊机构，认真贯彻习总书记关于精准扶贫要"注重扶贫同扶志、扶智相结合"[1] 要求的具体体现。

党的十八大以来，我一直在思考和研究如何落实习总书记的精准扶贫思想。2015年6月，习总书记在贵州召开的部分省区市党委主要负责同志座谈会上，就做好扶贫工作指出，"关键是要找准路子、构建好的体制机制，在精准施策上出实招、在精准推

---

[1] 习近平：《决胜全面建成小康社会 夺取新时代中国特色社会主义伟大胜利——在中国共产党第十九次全国代表大会上的报告》，载于《党的十九大报告辅导读本》，人民出版社2017年版，第47页。

进上下实功、在精准落地上见实效"①。同年 8 月，我借到新疆参加中宣部会议之机，抽空对南疆的和田地区扶贫减贫工作进行了认真调研和考察，就贯彻习总书记重要指示进行了思考。**我感到，和田作为边疆地区、民族地区、特困连片地区，具有很强的代表性和典型意义，完全可以此为研究对象，就贯彻落实习总书记的精准扶贫思想进行深入研究。**因此，我责成陪同我调研的亚太与全球战略研究院党委书记王灵桂同志，就此问题进行深入研究，认真梳理学习习总书记的精准扶贫思想，并以和田为具体研究对象，提出贯彻落实总书记精准扶贫思想的思考和建议。

　　前不久，王灵桂同志给我送来了他和侯波同志撰写的《精准扶贫：理论、路径与和田思考》书稿。我仔细翻阅之后，感到该书基本达到了当初的研究目的，完全符合党的十九大确定的精准扶贫思想，不少观点和看法，既有新意，也符合和田实际。对此，我既感到十分欣慰，也再次引起了我对精准扶贫思想的思考。阅读书稿后，我将自己的一些新思考记录下来，作为本书的序言。希望作者在今后工作中，能以此为基础，继续加强对习近平总书记精准扶贫思想的研究，紧密结合边疆和民族地区的实际，以新的务实管用的研究成果，更好地贯彻落实十九大关于精准扶贫的要求和部署，为在 2020 年全面建成小康社会贡献社科院学者应有的智力价值。

　　是为序。

王伟光

2018 年 2 月 10 日

---

　　① 习近平：《在贵州召开部分省区市党委主要负责同志座谈会上的讲话》，人民网，2015 年 6 月 19 日。

摘要：贫困地区和贫困人口已成为全面建成小康社会的短板，我国的脱贫攻坚工作已经到了啃硬骨头的关键阶段。为了深入研究精准扶贫、精准脱贫中的理论和实践问题，总结梳理精准扶贫、精准脱贫的经验和失误，提高贫困地区扶贫开发工作的治理能力，本课题组于 2017 年选取新疆和田地区的精准扶贫和脱贫攻坚工作进行了调查研究，旨在通过理论研究、制度梳理和案例分析，提炼和形成相关对策建议，为更好地推动贫困地区精准脱贫，尤其是打赢深度贫困地区脱贫攻坚战提供高质量的智力支持。

本报告的研究思路和过程建立在民族法学理论、区域经济增长理论以及社会网络互动理论的基础上。首先对我国扶贫开发的理论逻辑和现实逻辑的演变过程进行了简要回顾，在此基础上提出了新时期实施精准扶贫的战略意义和主要内容；其次对国家、新疆维吾尔自治区与和田地区的扶贫开发政策作了梳理和归纳，并从实践层面分析了和田地区精准扶贫的基本状况、工作机制、取得成效、存在问题等；最后针对确保农村贫困人口到 2020 年如期脱贫的目标，提出了新时期精准扶贫工作的基本理念、政策导向、对口支援、异地搬迁、退出机制的具体建议。

关键词：精准扶贫　制度梳理　和田地区　对策建议

Abstract: Poor areas and poor people have become a short board of comprehensively establishing the well-off society, China's poverty eradication efforts have come to the critical stage. In order to further study the precision poverty alleviation and the theoretical and practical problems in precision poverty alleviation, summarize and comb the precision poverty eradication and the experience and lesson of it and improve the management ability of poverty alleviation development work in poor areas, the research group selected the precision poverty alleviation and poverty eradication work of Hetian prefecture of Xinjiang to have the investigation and research in 2017. By the theoretical research, system carding and case analysis, they refine and form relevant solutions and suggestions and provide high-quality intellectual support to better promote poverty alleviation in poor areas, especially fight against poverty eradication in the deep impoverished areas.

The research idea and process are based on the theory of national law, the theory of regional economic growth and the interactive theory of social network. First of all, this book briefly reviews the evolution process of the theoretical logic and realistic logic of poverty alleviation in China and puts forward the strategic meaning and main content of implementing precision poverty alleviation in the new period based on that. Secondly, it combs and summarizes the policies of poverty alleviation and development in the country, Xinjiang Uygur Autonomous Region and Hetian prefecture and from the practical level analyzes the basic situation, working mechanism, results achieved, existing problems and so on of precision poverty alleviation in Hetian prefecture. Finally, aiming to ensure that the rural poor people get out of poverty by 2020, the paper puts forward some concrete suggestions about the basic idea, policy guidance, counterpart support, move to different places and exit mechanism of precision poverty alleviation in the new period.

Key Words：precision poverty alleviation，system carding，Hetian prefecture，solutions and suggestions

目　　录

第一章　精准扶贫的理论基础

第一节　精准扶贫的提出与内涵

2013年11月，习近平总书记在湖南湘西自治州考察时就扶贫开发工作提出了"实事求是、因地制宜、分类指导、精准扶贫"的重要指示，之后又在各地调研等多个重要场合多次提及"精准扶贫"思想，强调"要实施精准扶贫，瞄准扶贫对象，进行重点施策，不能眉毛胡子一把抓，用手榴弹炸跳蚤，钱花了不少却没有见到应有效果"。随后，2013年年底中共中央办公厅印发《关于创新机制扎实推进农村扶贫开发工作的意见的通知》，2014年国务院出台《关于印发〈建立精准扶贫工作机制实施方案〉的通知》《关于印发〈扶贫开发建档立卡工作方案〉的通知》等政策措施，对精准扶贫工作模式的预期目标、顶层设计、总体布局和工作机制等方面都做了详尽规制，为不断丰富和拓展中国特色扶贫开发道路和不断开创扶贫开发事业新局面指明了方向。

2015年11月，中共中央和国务院又联合发布《关于打赢脱贫攻坚战的决定》，强调消除贫困、改善民生、逐步实现共同富裕，是社会主义的本质要求，是我们党的重要使命，要围绕"四个全面"战略布局，牢固树立并切实贯彻创新、协调、绿色、开放、共享的发展理念，充分发挥政治优势和制度优势，把精准扶贫、精准脱贫作为基本方略，坚持扶贫开发与经济社会发展相互促进，坚持精准帮扶与集中连片特殊困难地区开发紧密结合，坚持扶贫开发与生态保护并重，坚持扶贫开发与社会保障有效衔接，咬定青山不放松，采取超常规举措，拿出过硬办法，举全党全社会之力，坚决打赢脱贫攻坚战。2016 年 7 月，习近平总书记又在银川主持召开全国东西部扶贫协作座谈会时强调，东西部扶贫协作和对口支援，是推动区域协调发展、协同发展、共同发展的大战略，是加强区域合作、优化产业布局、拓展对内对外开放新空间的大布局，是实现先富帮后富、最终实现共同富裕目标的大举措，必须认清形势、聚焦精准、深化帮扶、确保实效，切实提高工作水平，全面打赢脱贫攻坚战。

党的十八大以来，以习近平同志为核心的党中央，把脱贫攻坚摆到治国理政的重要位置，举全党全国全社会之力，全面打响脱贫攻坚战。各级党委政府坚持"中央统筹，省负总责，市县抓落实"的体制机制，逐步建立了各负其责、合力攻坚的责任体系，形成了以需求为导向、上下联动的政策供给体系，提出了坚持精准扶贫精准脱贫的基本方略，开启了全社会参与的大扶贫格局和较为有效的宣传动员体系。五年来，经过各方面的不懈努力，我国脱贫攻坚取得了决定性进展，累积减贫6600 多万人，年均减少 1300 万人以上。贫困地区生产生活条件明显改善，贫困群众获得感明显增强，农村基层治理能力和管理水平明显提升。脱贫攻坚不仅创造了我国扶贫史上的最好成绩，而且为实施乡村振兴战略奠定了坚实基础，为全球减贫事业贡献了"中国方案"，彰显了中国共产党领导的政治优势和制度优势，坚定了"四个自信"。

2017 年，习近平总书记在党的十九大报告中关于提高保障和改善民生水平、加强和创新社会治理的部分又对脱贫攻坚做出了新的全面部署，指出："坚决打赢脱贫攻坚战。让贫困人口和贫困地区同全国一道进入全面小康社会是我们党的庄严承诺。

要动员全党全国全社会力量，坚持精准扶贫、精准脱贫，坚持中央统筹省负总责市县抓落实的工作机制，强化党政一把手负总责的责任制，坚持大扶贫格局，注重扶贫同扶志、扶智相结合，深入实施东西部扶贫协作，重点攻克深度贫困地区脱贫任务，确保到二〇二〇年我国现行标准下农村贫困人口实现脱贫，贫困县全部摘帽，解决区域性整体贫困，做到脱真贫、真脱贫。"这是历次党代会报告中首次把扶贫工作作为二级标题予以阐述，明确了新时代脱贫攻坚的基本方略、工作机制、重点任务和总体目标。对广大党员干部特别是贫困地区的党员干部来说，坚决打赢脱贫攻坚战就是最大的政治，要用打赢脱贫攻坚战作为主要目标，用实际行动在新时代中国特色社会主义的伟大实践中体现政治担当和历史责任。

可以看出，精准扶贫精准脱贫思想科学地总结了中国特色扶贫开发道路的主要经验和创新实践，系统地阐述了扶贫开发在"四个全面"战略布局和"五位一体"总体布局中的重要地位及作用，贯彻了创新、协调、绿色、开放、共享的发展理念，是扶贫攻坚战取得胜利的科学指南和根本遵循，更是促进全体人民共享改革发展成果、实现共同富裕的重大举措。它不仅丰富和发展了马克思主义的反贫困理论，而且对于推进国家精准扶贫战略实施意义深远。

一　扶贫工作的历史回顾

近代以来，由于西方列强的入侵和封建统治的腐败，中国逐渐成为半殖民地半封建社会，山河破碎，生灵涂炭，中华民族遭受了前所未有的苦难，人民群众在水深火热的环境中过着极度贫困的生活。中国共产党成立前，无数英勇的革命者为挽救民族危机不惜奉献生命，采取了一系列的社会改良方案，虽然产生了一定的积极影响，但始终无法从根本上解决民不聊生的问题。

　　1921 年，中国共产党成立后，以毛泽东同志为首的共产党人认识到要实现国家富强、民族振兴、人民幸福，首先必须争取国家统一、民族独立、人民解放。为此，我们党团结带领中国人民进行了 28 年的浴血奋战，打败了日本帝国主义，推翻了国民党反动统治，完成了新民主主义革命，建立了中华人民共和国。这一伟大的历史贡献，彻底结束了旧中国半殖民地半封建社会的历史，彻底结束了旧中国一盘散沙的局面，彻底废除了列强强加给旧中国的不平等条约和帝国主义在旧中国的一切特权，实现了中国从几千年封建专制政治向人民民主的伟大飞跃；完成了中华民族有史以来最为广泛而深刻的社会变革，为当代中国一切发展进步奠定了根本政治前提和制度基础，为中国发展富强、中国人民生活富裕奠定了坚实基础，实现了中华民族由不断衰落到根本扭转命运、持续走向繁荣富强的伟大飞跃。这其中，新民主主义革命的主要任务之一，就是在根据地及解放区进行大规模土地改革，消灭地主土地私有制，使贫苦农民和劳苦大众能够有基本生活资料，实现"耕者有其田"。正是如此，广大农民特别是贫困人口的生产、革命积极性被调动起来，从而使中国共产党的队伍得以迅速壮大，并在其带领下推翻了"三座大山"，取得了新民主主义革命的胜利，为从根本上消除我国的贫困问题奠定了前提条件和制度基础。

　　新中国成立后，中国共产党领导广大人民群众实施计划经济体制，进行了全国范围内的土地改革，解放了生产力，极大地推动了当时国民经济的发展。1953 年，毛泽东同志提出"使农民能够逐步完全摆脱贫困的状况而取得共同富裕和普遍繁荣的生活"，即共同富裕的思想，为我国逐步解决贫困问题提出了指导思想和行动目标。随后又经过社会主义革命，使绝大多数农民通过农业合作化道路，有效地缓解了极度贫困状况的发生。

　　从党的十一届三中全会开始，我国的扶贫脱贫工作进入了新时期。正如邓小平同志指出的，"社会主义的本质是解放生产力、发展生产力、消灭剥削、消除两极分化，最终达到共同富裕"①。在此背景下，我国政府通过制度变革，在农村集体经济组织中实行了家庭承包经营为基础、统分结合的双层经营体制，极大地调动了广大农民的积极性，成功地让数以亿计的贫困人口实现了温饱。与此同时，党和政府也开始对贫困帮扶、对口支援的制度安排进行了一系列探索，一方面在计划经济状态下，国家通过政治动员和政策引导，促进物质、技术以及人员向贫困地区进行流动；另一方面，通过城乡互助，对民族地区、偏远地区进行帮扶支援，促进落后地区解决贫困温饱问题，体现社会主义制度的优越性。例如，1979 年党中央正式提出对口支援制度，明确要求组织内地省区市对口支援边疆地区和少数民族地区（中共中央 1979 年第 52 号文件）。这是我国首次从国家政策层面正式提出对口支援的概念和基本工作方案，这一文件的出台标志着我国扶贫工作进入了正规化的起步阶段。

随后的几十年实践与发展，我国扶贫工作和对口支援逐步进入了法制化阶段。特别是 1984 年 5 月通过并在 2001 年修改的《中华人民共和国民族区域自治法》明确提出"上级国家机关应当组织、支持和鼓励经济发达地区与民族自治地区开展经济、技术协作和多层次、多方面的对口支援，帮助和促进民族自治地方经济、教育、科学技术、文化、体育事业的发展"。这是国家首次以法律的形式就对口支援的目的、实施主体、内容等进行原则性规定，标志着我国扶贫工作、对口支援实践正式进入了法制化保障的新时期，并成为民族地区经济社会发展及区域自治的重要内容。

进入 21 世纪，国家提出了实施西部大开发战略，为扶贫脱贫工作持续化、法制化、系统化奠定了基础。2000 年 10 月，中央会议决定："实施西部大开发战略、加快中西部地区发展，关

---

① 《邓小平文选》第 3 卷，人民出版社 1993 年版，第 373 页。

系经济发展、民族团结、社会稳定，关系地区协调发展和最终实现共同富裕，是实现第三步战略目标的重大举措。"① 在西部大开发战略的背景下，开发式扶贫的规模和对口支援的内容、形式都呈现迅猛增长态势，其中把对口支援西藏、对口支援新疆作为党中央的一项重要工作来抓。"对口支援西藏的战略决策充分证明对口支援工作不仅是一个经济问题，更是一个政治问题。"② 例如，2001 年 6 月，中共中央、国务院在北京召开的第四次西藏工作座谈会，中央政治局以上领导全部出席，会议的重要程度超过以往类似座谈会。在会上，江泽民同志明确指出，"要通过国家和各地的支持，引进、吸收和应用先进技术和适用技术，集中力量推动西藏跨越式发展，是我们必须采取的一种发展战略"③。这一论述不仅表明帮助民族地区脱贫是一项国家发展战略，更体现出对口帮扶内容要由传统以基础设施建设援助为主逐步转向科技技术等核心发展要素的援助，扶贫的重点要向"扶志""扶智"进行转变。（见图 1－1）

　　由以上扶贫脱贫工作的历史演变可以看出，我国贫困帮扶和对口支援内容与形式始终与我国经济社会发展状况和贫困地区特别是少数民族地区发展需要相适应。正如赵伦、蒋勇杰在研究我国对口支援演变时指出的，"对口支援模式的运行基础在于中国特色中央集权的国家领导体制、中央与地方秉持共同政治伦理价值和现实战略性、特殊性和紧迫性的需要，对口支援应由'政治动员式'向'制度激励式'转变，由'政策规范

---

① 《中共中央关于制定国民经济和社会发展第十个五年计划的建议》，2000 年 10 月。

② 董世举：《对口支援西藏发展的问题与对策》，《广东技术师范学院学报》2009 年第 6 期，第 20 页。

③ 《江泽民在 2001 年 6 月 25 日至 27 中共中央、国务院第四次西藏工作座谈会上的讲话》。

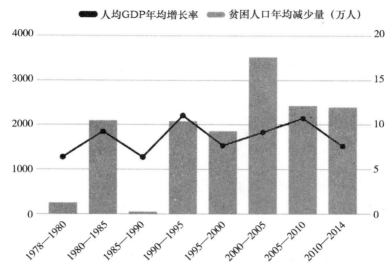

图 1—1　改革开放以来我国经济增长与减少贫困的变化趋势

资料来源：《中国扶贫开发报告（2016）》。

化'向'法律规范化'转变。"① 所以，在扶贫脱贫和对口援助的实施过程中，扶贫主体之间的工作内容、合作方式等也与之前存在较大不同，正由过去的单一方向对口援助形式即"输血"模式向现在的双向需求互动合作形式即"造血"模式进行转变。

二　精准扶贫提出的背景

精准扶贫是习近平总书记扶贫思想的核心内容，是贫困治理的重大理论创新，是党中央治国理政新理念新思想新战略的重要组成部分。

截止到 2010 年，按照年人均纯收入 1274 元的扶贫标准，全国农村贫困人口已从 2.5 亿人减至 2688 万人，农村贫困人口的比重已下降到 2.8%。而随着贫困人口分布、贫困成因、贫困特

---

① 赵伦、蒋勇杰：《地方政府对口支援模式分析——兼论中央政府统筹下的制度特征与制度优势》，《成都大学学报》（社科版）2009 年第 2 期，第 4—7 页。

征等情况的变化，过去主要依靠政策带动、"大水漫灌"式扶贫的方式已经很难解决减贫边际效应递减的问题，诸如扶贫瞄准对象偏离、贫困地区内部贫富差距扩大、因病因学返贫率高、政策效果持续性差等。另外，随着社会主义市场经济和城镇化战略深入推进，贫困地区的人口结构、经济结构和社会结构都在发生变化，扶贫开发工作主体以及环境、条件、标准、对象、内容、范围、方式、路径等也在发生变化。（见图1-2）因此，新形势下做好扶贫开发工作，支持贫困群众脱贫致富，必须采取较之前阶段更为精细化的扶贫方式，帮助每一个贫困人口探索和建立适合他们自身经济结构、文化特质和生态承载力的脱贫致富路线，这也是充分体现中国共产党"共同富裕"理论原则的发展与延伸。因此笔者认为，精准扶贫理论提出的背景应归纳为三个方面：

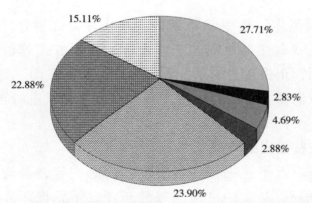

图1-2　中国贫困户主要成因类型及结构比例
数据来源：国务院扶贫办建档立卡相关资料。

（一）实现全面建成小康社会目标的需要

党的十八大提出了到2020年全面建成小康社会的奋斗目标，这是我们党向人民、向历史做出的庄严承诺。这个宏伟目标，是"两个一百年"奋斗目标的第一个百年奋斗目标，是中华民族伟大复兴征程上的又一座重要里程碑。全面建成小康社会，在"四个全面"战略布局中居于引领地位。党的十八届五中全会对全面建成小康社会进行了总体部署，发出了向全面建成小康社会目标冲刺的新的动员令。其中最重要的一条就是在我国现行标准下农村贫困人口实现脱贫，贫困县全部摘帽，解决区域性整体贫困。这也意味着，到2020年全国7000多万农村贫困人口全部脱贫，时间十分紧迫，任务相当繁重。正如习近平总书记指出的："没有全民小康，就没有全面小康。"全面建成小康社会，是没有人掉队的小康。农村贫困人口脱贫是全面建成小康社会最艰巨最繁重的任务，如果到那时还有若干贫困人口的生活水平处在扶贫标准线以下，这既会影响人民群众对全面建成小康社会的满意度，又会影响国际社会对我国全面建成小康社会的认可度。

因此，要使全体人民都过上更加美好的生活，不仅需要各级党员干部和贫困人口共同付出长期不懈的艰苦努力；而且需要针对贫困地区、贫困人口采取科学的方法、精准的措施、有效的制度来加以保障，以确保党中央提出的到2020年扶贫开发工作达到"两不愁、三保障"（即实现扶贫对象不愁吃、不愁穿，保障其义务教育、基本医疗和住房）的总体目标如期实现。

（二）有效解决减贫效益递减问题的需要

北京师范大学的张琦教授在2015年的《中国精准扶贫战略研究》报告中，概括提出了中国扶贫事业发展经历的四个阶段：第一阶段（1978—1984年），即主要通过农村经济体制改革、建立家庭承包经营制、赋予农民更多经营自由权、放宽农产品价格、发展乡镇企业等举措帮助贫困人口脱贫，使中华人民共和国成立以来由于城乡二元社会经济制度导致农村40%—50%的贫困人口从1978年的2.5亿人减少到1985年的1.25亿人；第二阶段（1985—2000年），即从解决普遍性贫困转变为区域性贫困，通过划定贫困县实施开发式扶贫，到2000年年底，贫困人口由

1985 年 1.25 亿人减少到 2000 年的 3000 万人，农村贫困发生率从 14.8% 下降到 3% 左右；第三阶段（2000—2010 年），即在全国确定了 14.81 万个贫困村作为扶贫工作重点，以产业化扶贫和劳动力转移培训为"两翼"进行整村推进的扶贫开发新模式，通过这一阶段的工作，农村贫困人口从 2000 年年底的 9422 万人减少到 2010 年的 2688 万人，占农村人口的比重从 2000 年的 10.2% 下降到 2010 年的 2.8%；第四阶段（2013—2020 年），以 2013 年到 2020 年这一过程以实施精准到户的帮扶为特征。

从以上数据对比分析可以看出，随着脱贫减贫进入攻坚阶段，扶贫资源投入呈现边际效益递减的态势，特别是农村基础设施建设落后、公共服务能力不能满足日常需要、产业结构不合理等历史欠账，导致扶贫资源投入的成本大幅增加、脱贫效率逐渐降低。这一严峻形势，迫切需要进一步推进减贫政策创新，优化配置扶贫资源，寻求扶贫脱贫新路径新模式，以实现"政策对接无落差、对口帮扶无缝隙、项目协作无障碍"的目的。此外，随着贫困地区和人口绝对数的降低，贫困人口识别、贫困原因分析、扶贫措施落实也急需采取更加精准和科学的手段。

（三）及时防止多维贫困凸显问题的需要

"多维贫困"概念是由福利经济学家、诺贝尔经济学奖得主阿玛蒂亚·森提出的，指贫困不仅是单一维度的收入不足，更重要的表现是没有能力获得教育、卫生、饮水、医疗等基本服务。当然，我国的扶贫减贫目标一开始就致力于包括提高收入、提升生活质量等多维标准，例如 1994 年实施的《国家八七扶贫攻坚计划（1994—2000 年）》，就提出用 7 年时间解决贫困群众的温饱问题，并帮助他们改变教育、文化、卫生及基础设施落后的状况。而 2011 年实施的《中国农村扶贫开发纲要（2011—2020 年）》规定，到 2020 年要稳定实现扶贫对象不愁吃穿并保障其义务教育、基本医疗和住房等目标。

　　针对现阶段农村多维贫困凸显的新形势，扶贫工作的重点除了解决基本温饱和经济贫困外，更要照顾到教育权利、医疗保障、人力资本等多维贫困。因为未脱贫人口的致贫原因不仅仅在于生产资料或劳动力的匮乏、身体健康状况的不佳，还在于知识积累和社会资本积累等方面的严重不足，从而导致"因为贫困所以贫困"的结构性贫困恶性循环。这种结构性贫困恶性循环现象，在少数民族地区更为常见，这也是对全国范围内脱贫攻坚战能否取得决定性胜利的深层挑战，这就迫切要求精准扶贫不仅要加强经济层面的帮扶，更要加强在教育、技能和思想观念等方面全方位个性化的帮扶，找到症结，对症下药，更加注重因人施策、因户施策来解决贫困问题。

三　精准扶贫的内涵

　　精准扶贫是针对粗放扶贫而言的，精准扶贫思想是在中国特色社会主义理论体系背景下形成的，是马克思主义贫困治理学说在当代中国的新发展，是"全面建成小康社会"和实现"共同富裕"的必然要求。精准扶贫是对不同贫困地区、不同贫困人口状况，运用科学有效程序对扶贫对象实施精确识别、精确帮扶、精确管理和精准考核，有针对性的贫困治理方式。把"精准"的内涵直接理解为"绝对""片面""个别""单一"等形式主义、教条主义的指令，具体来说是对精准扶贫的主体、地区、目标、方法等"绝对化""片面化""个别化""单一化"的错误认识，是没能正确地认识和处理普遍性和特殊性、整体性和局部性、个体性和国家性、历史性和现实性、客观性和能动性、经济性和社会性、短期性和长期性等辩证统一的关系。[①]通过研究和实践，我们认为其内涵可以从扶贫对象精准、项目

---

　　① 刘占勇：《精准扶贫思想内涵特征及对扶贫实践的启示》，《江汉学术》2016 年第 4 期，第 5—11 页。

安排精准、资金使用精准、措施到户精准、因村派人精准、脱贫成效精准六个方面来概括（见图1-3）。

图1-3　精准扶贫的内容

（一）扶贫对象精准是前提

识别对象需要考虑区域与个体间的有机统一，结合国家扶贫标准线以及当地经济发展现状，制定科学有效的识别程序，找出贫困群体中真正需要扶持的对象。这个环节的关键，是既要瞄准真正需要帮助的贫困对象，又要区分贫困深度的差异，[①]在此基础上将明确了的扶贫对象逐村逐户建档立卡，再分别查明致贫原因，挖掘贫困人口的实际需求。当然，除了精准识别扶贫对象外，还要对贫困地区扶贫开发条件以及扶贫开发项目进行识别。在这一过程中，需要创新农户参与机制，提高贫困农户的扶贫参与广度和深度，落实贫困农户的扶贫主体地位，一方面要完善和加强贫困户参与对象识别、贫困成因诊断和分析、帮扶措施选择、扶贫项目实施、脱贫认定的制度，另一方面要严格执行相关的农户参与制度并聘请独立第三方监测和评

---

① 董家丰：《少数民族地区信贷精准扶贫研究》，《贵州民族研究》2014年第7期，第154—157页。

估农户参与的真实性和可靠性，避免用简单的签字盖章走完农户参与的形式。

（二）项目安排精准是基础

首先，选择和安排什么样的扶贫项目，要因人因地施策、因贫困原因施策、因贫困类型施策，做到对症下药、精准滴灌、靶向治疗。例如，在生态环境恶劣、资源极度匮乏的贫苦地区，以易地搬迁安置扶贫为主；在经济发展基础较差，但具有一定发展条件的贫困地区，以扶持生产和就业、教育扶贫等为主，同时切实为当地经济发展提供动能，激发群众脱贫致富的积极性和"造血"功能。其次，注重项目安排与政策协调的契合，加大财政、金融、土地等政策对项目的支持力度，注重交通扶贫、水利扶贫、科技扶贫、教育扶贫、健康扶贫等专项扶贫和项目安排的有机结合。再次，在项目安排的过程中，要充分发挥市场在资源配置中的决定性作用和更好发挥政府作用，既不能用市场在资源配置中的决定性作用取代甚至否定政府作用，又不能用更好发挥政府作用取代甚至否定使市场在资源配置中起决定性作用。

（三）资金使用精准是关键

精准扶贫的资金在前期预算中，要对照脱贫攻坚总体目标任务，依据政策对象、标准、级次、年度等要素，分行业、分地区、分年度编制资金平衡方案，瞄准供给短板、公共服务欠账，对照贫困村、贫困户的脱贫对策清单，准确测算基础设施、产业发展、社会事业、生态保护等资金需求，做到项目与规划、资金与项目的无缝对接，确保脱贫攻坚资金需求不留缺口。在投放扶贫资金的过程中，明确给予贫困户的专项扶贫资金额度不得低于年度到县专项扶贫资金总额的一定比例，同时对贫困村的产业扶贫资金、整村推进项目等实行县级财政报账制和国库集中支付制。此外，还需加强对扶贫资金全领域全过程的监督审计，强化资金安排使用和建档立卡结果相衔接，引导群众参与财政支农资金项目管理，对非客观原因导致资金进度偏慢的情况，严格按程序移送相关部门进行责任追究。具体到资金投入使用的渠道和效率，第一个层级要解决贫困人口的生存问题，即安排资金优先解决贫困户的吃、穿以及保障其基本住房、教育、医疗"两不愁三保障"问题；第二个层级要围绕解决发展条件问题，在确保贫困户生存的前提下，安排部分扶贫资金（以行业扶贫资金为主）用于贫困村基础设施建设，为发展产业增收致富奠定基础；第三个层级为解决发展增收问题，即在解决了贫困户生存和发展条件的基础上，其余扶贫资金（以金融扶贫资金为主）用来发展增收产业。

（四）措施到户精准是核心

制定扶贫措施必须深入分析扶贫工作中存在的问题，根据贫困村户的实际需求，制定有针对性的差异化帮扶策略。一方面，要坚持精准施策，注重工作的针对性、聚焦性和有效性，防止重心失准、"拳脚落空"；特别是随着扶贫开发工作的深入推进，贫困地区、贫困人口的状况也在发生变化，既有集中连片的特殊困难地区，又有零散分布的贫困村、贫困户，当务之急是要把扶贫攻坚的着眼点放在贫困人口的脱贫上，对症下药，科学归类，精准实施"五个一批"扶贫攻坚行动计划，通过扶持生产和就业发展一批、移民搬迁安置一批、低保政策兜底一批、医疗救助扶持一批、灾后重建帮扶一批，推动贫困群众限期脱贫、精准脱贫。另一方面，要精确梳理、精心排序，找出扶贫开发的重点难点和亟待解决的薄弱环节，以点带面、集中力量解决突出问题。例如，着力抓好富民产业培育、乡村道路畅通、饮水安全、农村电网升级、教育事业发展、基本医疗服务、生态环境保护等，切实通过帮扶突破贫困地区经济发展的阻碍，为贫困地区经济发展注入动力，激发贫困群众内在的脱贫能力，最终目的是增强其参与扶贫项目的积极性。

（五）因村派人精准是保障

贫困人口脱贫致富关键是要有好的领导班子和领头人。目前，各地各部门都对精准扶贫制定了明确的目标、时间表、路线图，关键在于落实，而抓落实的关键在于干部。因此，要想方设法选好配强一大批致力于研究、开发本地资源的"精准"带头人、领头雁来精准发力。首先，要把好"选派关"，选派思想好、作风正、能力强、了解当地实际并愿意为群众服务的优秀干部到农村基层担任第一书记，同时做好干部选派和贫困村的实际情况对接工作，例如，针对扶贫移民村，重点选派国土、住建、规划等系统的干部；针对基础设施薄弱村，重点选派交通、水利、财政等系统的干部等。其次，要创新新时代干部培养机制，营造人往基层走的干事氛围，坚持把年轻干部放到扶贫攻坚等一线工作中培养锻炼，探索建立领导干部在一线锻炼、成长的用人机制。再次，加强管理考核监督，激发扶贫干部干事创业活力，树立鲜明的用人导向，同等条件下优先提拔驻村帮扶干部，在年度考核和绩效考评体系中增设精准扶贫考核的内容、指标；相反，对在精准扶贫工作中发现的问题从严查处，对扶贫攻坚中的违纪违法典型案件公开曝光，强化警示教育，发挥震慑作用。

（六）脱贫成效精准是目标

脱贫成效是检验精准扶贫实践的唯一标准。因此，脱贫攻坚必须一步一个脚印，稳扎稳打，确保各项扶贫政策措施落到实处，最终取得全面胜利。为此，要层层落实责任，五级书记一起抓，发挥政府的主导作用；落实贫困县主体责任，促使其把主要精力用在扶贫开发上；落实相关部门的行业扶贫责任，把扶贫任务优先纳入行业规划并认真实施；落实驻村工作队和第一书记的帮扶责任，不脱贫不脱钩。在此基础上，还要充分调动贫困群众的积极性，提高其参与度、获得感，鼓励其自力更生，激发其脱贫的内生动力与活力。另外还需要实施更广泛的社会动员，进一步发动民营企业、社会组织和公民个人广泛参与，凝聚扶贫攻坚强大合力。除此之外，在坚决打赢脱贫攻坚战的同时，充分做好与相对贫困进行长期斗争的持久战准备，巩固扶贫成效，建立脱贫致富的长效机制。

第二节　精准扶贫的理论基础

一　马克思主义贫困治理学说

"贫困是现代社会制度的必然结果，离开这一点，只能找到贫困的某种表现形势的原因，但是找不到贫困本身的原因。"①资产阶级革命推翻封建制度取得胜利后，资产阶级领导的生产力发展带来的绝大部分社会财富只掌握在极少数人手中，广大劳动人民遭受着他们带来的剥削与压迫。马克思主义认为，贫困不仅包括由于物质生活资料不足带来的物质贫困，还有精神文化财富匮乏造成的精神贫困。贫困主要是由自然环境资源、制度法规、文化环境因素等导致的，但不同地域的具体情况不同，因此具有一定的异化性。

（一）绝对贫困和相对贫困

马克思在《共产党宣言》中，阐述了资产阶级从产生、发展到灭亡的过程，指出了资本主义社会存在的生产社会化与生产资料私有制之间不可调和的基本矛盾，阶级斗争学说批判了资本主义制度存在的弊端，主要体现在生产关系与生产力和社会文化价值上。

马克思主义理论认为，资本主义制度是导致无产阶级贫困的根源。资本主义生产方式产生的前提是生产过程中劳动者与生产资料的分离。在资本主义私有制下，无产阶级通过出卖劳

---

① 《马克思恩格斯全集》第 2 卷，人民出版社 1957 年版，第 561 页。

动力而获得低水平的工资。正由于无产阶级不占有生产资料，依附于资本而生存，它们不得不互相竞争，劳动者之间的竞争进一步减低工资水平，进一步降低生活水准。① 无论是生产还是消费，都难以得到基本的生产生活物质资料。拥有生产资料的资产阶级和拥有生产力的无产阶级之间的贫富差距越拉越大，不断扩大的生产与消费者购买力萎缩之间的矛盾开始升级；加之生产组织性与整个社会无政府状态之间的矛盾，无法发挥社会潜在的巨大生产力，导致资本主义社会经济危机的周期性爆发。

马克思在分析资本的积累时进一步指出："资本是由用于生产新的原料、新的劳动工具和新的生活资料的各种资料、劳动工具和生活资料组成的"；② 本质上是"积累起来的劳动"。即使工人收入会迅速增加，"一方面随着分工的扩大，另一方面随着资本的积累，劳动者完全依赖于劳动，而且是极其片面的、机械式的特定劳动"。③ 这段话的意思是，被资本家剥夺的那部分是造成工人阶级愈来愈贫困的真正原因。

马克思还提出了绝对贫困和相对贫困的概念。绝对贫困是指劳动者与生产资料的分离，工人阶级平均实际工资水平低于劳动力的价值，以及工人劳动收入在社会资产总额中的比例不断下降。相对贫困指资本家对剩余价值的无偿占有，使工人阶级在国民收入中所占份额下降，即整体生活水平的下降。他说："被剥夺了劳动资料和生活资料的劳动能力是绝对贫困本身，工人作为只是劳动能力的人格化，他有实际的需要，但他为满足

① 郑志龙：《基于马克思主义的中国贫困治理制度分析》，人民出版社 2015 年版，第 62 页。
② 《马克思恩格斯全集》第 6 卷，人民出版社 1961 年版，第 487 页。
③ 《1844 年经济学哲学手稿》，人民出版社 1979 年版，第 7—8 页。

他的需要进行的活动只是丧失了物的条件的，仅仅包含在他自己的主体中的能力（可能性）。工人本身，按其概念是贫民，是这种单独存在的、与物的条件相脱离的能力的化身和承担者。"① 这就意味着，在资本主义社会中，只要劳动者和生产资料之间是分离的，绝对贫困和相对贫困现象就不会消亡。

（二）剩余价值理论

剩余价值指的是雇佣工人在生产过程中创造的，被资本家无偿占有的，超过劳动力价值的那一部分价值。剩余价值规律是资本主义的基本经济规律，它揭开了资本家剥削的秘密，决定着资本主义内在矛盾产生和发展的全过程。剩余价值规律支配着资本主义的生产、流通、分配和消费等方面及其运动过程。资本的唯一生命冲动，就是价值增殖。资本家生产什么、生产多少、怎样生产，都是由获得剩余价值及其转化形态，即利润的多少来决定的。资本主义的流通过程，是剩余价值生产的准备和实现过程。雇佣工人的劳动，作为抽象劳动，形成了商品的新价值，而雇佣工人往往能创造出比他自身劳动力的价值更大的新价值，为资本家提供了一个超过劳动力价值的剩余价值。

资本家进行资本主义生产，目的在于通过压榨工人生产的剩余价值来实现资本增殖。资本的本性就是在不断的价值增殖运动中，维持、发展和扩大自身。资本家在追逐剩余价值过程中，资本规模的发展与扩大表示资本家剥削工人的程度不断加深。随着资本主义积累的增长，资本有机构成提高，相对过剩人口增加，导致了资产阶级财富的积累与无产阶级贫困的积累。

在此规律的驱动下，为获得尽可能多的超额利润，扩大再生产是每个资本家的理性选择，随着资本的积聚，一方面使资本主义生产日益社会化，另一方面生产资料则日益集中在少数资本家手中。生产社会化与生产资料私人占有形式之间的矛盾

① 《马克思恩格斯全集》第47卷，人民出版社1979年版，第39页。

趋于尖锐，生产的盲目增长同劳动群众支付能力的需求相对缩小之间的矛盾尖锐化，必然就是爆发周期性的生产过剩的经济危机，这对本就仅能维持生计的无产阶级而言无疑是一场灾难。

（三）劳动的异化性

马克思、恩格斯认为自由、自觉状态下的劳动是人类的本质，但在资本私有制条件下却发生了异化。具体表现在个体原子化、人同自己的类本质相异化、人同自己的劳动产品相异化、人同人相异化。当人把自身的劳动产品、劳动活动以及自己的类本质相对立的时候，同时也必然将他人放在了对立面上。在异化过程中，人会逐渐失去主观能动性，遭到异己的物质力量或精神力量的奴役，从而限制人的个性使其得不到全面发展，只能片面发展，甚至畸形发展。

资本主义制度下的劳动异化现象产生于榨取剩余价值成为资本主义生产的目的，而劳动者成为机器的附属品时，资产阶级对生产资料的绝对占有权使其掌握着社会财富的分配权，充满了不合理性。工人服从于他们自己所生产的产品的统治，越来越缺失个体的自由。此外，马克思还详细分析了资本主义雇佣劳动制度下工人失业的三种表现形式，即"流动的形式、潜在的形式和停滞的形式"①。他指出，随着生产领域的自动化程度越来越高，资本有机构成的提高不可避免地导致机器替代人工，失业的工人陷入贫困；失业使得就业竞争激烈，为求得一份生活保障的工人只能接受资本家为就业岗位设置的种种剥削手段。失业加剧了工人的贫困程度，使工人"沦于死亡和奴隶的境地"②。

----

① 《马克思恩格斯全集》第 23 卷，人民出版社 1972 年版，第 703 页。

② 《马克思恩格斯全集》第 16 卷，人民出版社 1964 年版，第 303 页。

二　当代中国贫困治理的理论简述

任何一种理论的发展与完善，尤其是在文化差异较大的地域开展时，都要在保留自身基本原理的前提下与当地的实际情况相互融合。马克思主义在传入中国后逐渐与中国的传统文化融合，这个复杂的过程在中国社会发展过程中的价值不断显现，也不断衍生出新的思想。马克思主义理论作为我党执政的指导思想，实践过程并不是一帆风顺，更不是一蹴而就的。马克思主义中国化就是在这样的一种历史和政治环境当中逐渐产生、发展与完善的。只有将马克思主义理论与当代中国经济发展过程中出现的新问题、新情况有机结合，才有利于我们从更深层次剖析致贫原因，再探寻行之有效的应对方案。为此，一代代中国共产党人不畏艰辛地在理论和实践中探索。

例如，毛泽东在中共六届六中全会的政治报告《论新阶段》中提出："离开中国特点来谈马克思主义，只是抽象的空洞的马克思主义。因此，马克思主义的中国化，使之在每一表现中带着必须有的中国的特性，即是说，按照中国的特点去应用它，成为全党亟待了解并亟待解决的问题。"① 毛泽东同志初步揭示了中国社会贫困产生的根本原因，提出了治理社会主义贫困的总体思路和共同富裕的内涵，并指出应消灭富农经济和个体经济制度，特别是新中国成立初期的土地改革、农业合作化运动、人民公社化运动，都是通过生产关系的变革（以公有制为核心），以到达改善人民生活水平的目标。这样的重大变革，凝聚着以毛泽东为代表的共产党人在探索贫困治理道路中的智慧与勇气。当然，由于时代条件和综合国力所限，当时对贫困根源

---

① 毛泽东：《论新阶段抗日民族战争与抗日民族统一战线发展的新阶段—— 一九三八年十月十二日至十四日在中共扩大的六中全会的报告》，简称《论新阶段》。

的复杂程度以及消除贫困的对策没有系统性地科学分析，而以
"救急不救穷"的扶贫方式为主，也很难提高贫困地区群众内在
的自我发展能力。

　　以邓小平同志为核心的党的第二代领导集体继承和发扬了
马克思主义贫困治理学说及毛泽东的贫困治理思想，立足社会
主义初级阶段的基本国情，明确了社会主义国家和实现共同富
裕的具体路径，提出了改革带动式和市场开发式的扶贫战略。
首先提出的"贫穷不是社会主义"，纠正了"文化大革命"时
期"贫穷等于社会主义"的"左倾"思想。特别是1987年党的
十三大，确立了"一个中心、两个基本点"的基本路线，围绕
经济建设开展了一系列改革，不仅包括经济基础（家庭联产承
包责任制、社会主义市场经济体制等），还包括上层建筑（农
村基层民主实践等）的不断深化改革。邓小平理论在提出"让
一部分人先富起来""先富带后富"的基础上，进一步提出了
"两个大局"战略构想，有效地调动了人民的生产积极性。它
的创新之处在于明确提出并成功应用实践共同富裕的基本进程
和步骤，引领我国在贫困治理道路上的大步前行。除此之外，
邓小平同志坚持"发展是硬道理"，将通过解放和发展生产力
以达到共同富裕作为实现人的全面发展的物质基础。从唯物史
观的角度，人民群众既是贫困的承担者，又是摆脱贫困的创造
者，人民群众中蕴含着巨大的脱贫动力，是共同富裕的实践
者。[1] 因此，邓小平同志还提出了控制人口数量、提高贫困人
口素质等思想。

　　20世纪90年代，江泽民同志明确指出："加强贫困地区
的发展，不仅是一个重大的经济问题，而且是一个重大的政

---

　　[1]　郑志龙：《基于马克思主义的中国贫困治理制度分析》，人民出
版社2015年版，第92页。

治问题。"① 这一论述表明，我们党已将扶贫治理的重要性提升到了共产党执政理念的新高度，以此保证把人民的根本利益作为出发点和落脚点，在保障人民最基本的生存权和发展权上实现各项权利。在这个阶段，扶贫开发步入重点攻坚时期，治理难度不断加大，为此党中央出台了一系列制度、政策。其中1994 年颁布的《国家"八七"扶贫攻坚计划》，集中社会各界力量，提出力争用 7 年左右的时间基本解决全国农村 8000 万贫困人口的温饱问题。截至 2000 年，我国扶贫开发实现了贫困地区广大农民群众千百年来吃饱穿暖的愿望，累计解决了 2 亿多贫困人口的温饱问题，这在中国历史上和世界范围内都是了不起的成就，充分体现了有中国特色社会主义制度的优越性。

进入 21 世纪，党中央推动了马克思主义贫困治理学说的进一步发展，明确提出以人为本是科学发展观的核心，激励人民群众发扬艰苦奋斗的优良作风，依靠自己的力量，增强贫困县贫困地区人民自我发展、自主创新的能力。2001 年出台的《中国农村扶贫开发纲要（2001—2010 年）》在以往开发式扶贫的经验上，将工作重点从贫困县转向贫困村，用多元参与式的方法自下而上制订扶贫开发计划，对扶贫制度进行新形势下的新探索，提出要进一步改善贫困地区的基本生产生活条件，提高贫困人口的生活质量和综合素质，加强贫困乡村的基础设施建设，改善生态环境，逐步改变贫困地区经济、社会、文化的落后状况，为达到小康水平创造条件。党的十七大报告提出，把"引进来"与"走出去"更好地结合起来，扩大开放领域，优化开放结构，提高开放质量，完善内外联动、互利共赢、安全高效的开放型经济体系；"加大对革命老区、民族地区、边疆地

---

① 江泽民：《全党全社会进一步动员起来，夺取八七扶贫攻坚战阶段的胜利》，载《十五大以来重要文献选编》中册，人民出版社 2001 年版，第 846 页。

区、贫困地区发展扶持力度，提高扶贫开发水平，逐步提高扶贫标准"。①

党的十八大以来，以习近平同志为核心的党中央把脱贫攻坚摆上治国理政的突出位置，以前所未有的力度推进。从六盘山区到秦巴山区，从吕梁山区到大别山区……习近平总书记亲自挂帅、亲自出征、亲自督战，走遍 14 个集中连片特困地区，动员号召全党全社会坚决打赢脱贫攻坚战，先后在河北阜平、部分省区市扶贫攻坚与"十三五"时期经济社会发展座谈会、2015 减贫与发展高层论坛、中央扶贫开发工作会议、东西部扶贫协作座谈会、中央政治局第 39 次集体学习、中央政治局常委会会议审议《关于 2016 年省级党委和政府扶贫开发工作成效考核情况的汇报》时发表重要讲话，全面部署和推进脱贫攻坚，形成了内涵丰富、思想深刻、体系完整的扶贫开发战略思想，是我们党关于扶贫开发理论的新发展新成就，为深度贫困地区抓党建促脱贫攻坚提供了强大思想武器和根本遵循。

习近平总书记扶贫开发战略思想包括："消除贫困、改善民生、实现共同富裕，是社会主义的本质要求，是我们党的重要使命"的本质要求思想；"脱贫攻坚已经到了啃硬骨头、攻坚拔寨的冲刺阶段，所面对的都是贫中之贫、困中之困"的艰巨任务思想；"脱贫攻坚任务重的地区党委和政府要把脱贫攻坚作为'十三五'期间头等大事和第一民生工程来抓，坚持以脱贫攻坚统揽经济社会发展全局。要层层签订脱贫攻坚责任书、立下军令状，形成五级书记抓扶贫、全党动员促攻坚的局面"的政治优势思想；"脱贫攻坚必须坚持问题导向，以改革为动力，以构建科学的体制机制为突破口，充分调动各方面积极因素，用心、

---

① 胡锦涛：《高举中国特色社会主义伟大旗帜 为夺取全面建设小康社会新胜利而奋斗——在中国共产党第十七次全国代表大会上的报告》。

用情、用力开展工作"的改革创新思想;"扶贫开发推进到今天这样的程度,贵在精准,重在精准,成败之举在于精准"的精准扶贫思想;"扶贫不是慈善救济,而是要引导和支持所有具备劳动能力的人,依靠自己的双手开创美好明天"的内生动力思想;"脱贫致富不仅仅是贫困地区的事,也是全社会的事"的合力攻坚思想;"要加强扶贫资金阳光化管理,加强审计监管,集中整治和查处扶贫领域的职务犯罪,对挤占挪用、层层截留、虚报冒领、挥霍浪费扶贫资金的,要从严惩处"的阳光扶贫思想;"消除贫困是人类的共同使命。消除贫困依然是当今世界面临的最大全球性挑战。我们要凝聚共识、同舟共济、攻坚克难,致力于合作共赢,推动建设人类命运共同体,为各国人民带来更多福祉"的携手减贫思想。

习近平总书记扶贫开发战略思想源于他40多年来从农村到县、市、省、中央始终牵挂贫困群众的扶贫情结,源于他一以贯之、一心为民的公仆情怀和长期实践,源于他对全面建成小康社会、实现中华民族伟大复兴的使命担当。这些重要思想,充分体现了中国特色扶贫开发道路的理论创新和实践创新,精辟阐述了扶贫开发在国家发展全局中的重要地位和作用,体现了马克思主义世界观和方法论,是治国理政新理念新思想新战略的重要组成部分,是做好当前及今后一个时期脱贫攻坚工作的科学指南和根本遵循。可以说,习近平总书记把我国脱贫攻坚的成功经验精辟概括为:加强领导是根本,把握精准是要义,增加投入是保障,各方参与是合力,群众参与是基础。这些经验实质上就是一整套经过实践检验的减贫治理体系,这将为全球更有效地进行减贫治理提供"中国方案"。①

以上过程可以看出,马克思主义贫困治理思想是一个包括

---

① 以上内容参见刘永富《不忘初心坚决打赢脱贫攻坚战——党的十八大以来脱贫攻坚的成就与经验》,《求是》2017年第11期。

宏观架构、中观战略和微观政策在内的多维度的系统理论体系，其变迁根植于核心立场和逻辑的不变，其发展展现于制度优、政策学习的调整。[①] 系统梳理和观察马克思贫困治理理论的演变过程，对于我们当前认识和把握贫困问题的本质具有十分重要的现实意义。同时，作为马克思主义政党，不断强调马克思主义的治贫思想，有利于我们党时刻牢记自身的责任担当和历史使命，带领13亿多人民决胜全面建成小康社会、奋力夺取新时代中国特色社会主义建设的伟大胜利，使发展成果更多更公平惠及全体人民。

三　经济社会发展的不均衡性理论

西方的区域经济学、发展经济学中经常以一个地区的生产资源如何优化配置和组合并获得最大产出来进行分析。通过对于区域内资源配置的重点和布局主张不同，以及对资源配置方式选择不同，形成了不同的经济发展理论。以德国经济学家尔伯特赫·赫希曼（Albert Otto Hirschman）为代表的学派提出了非均衡增长理论，认为"发展就是一系列连锁着的不平衡，区域经济发展产生的差异是由环境、政策、制度和科技水平以及应用程度四因素造成的，科技因素主要是科技教育水平、科技人才拥有量和科技人才创新创业能力；影响区域发展的所有因素可以归纳为两类：一类是原生性因素，即自然条件、资源禀赋以及历史延续下来的经济、文化和社会发育制度等；另一类是诱发性因素，即各种体制、政策、科技以及导致外部环境变化的因素"。[②] 非均衡增长理论强调经济社会发展、产业发展的不均衡性，如果没有政府适当干预，具有资源禀赋差异间的地

---

① 郑志龙：《基于马克思主义的中国贫困治理制度分析》，人民出版社2015年版，第104页。

② 李廉水、徐建国：《东西部科技合作——理论、模式、途径》，科学出版社2004年版，第9页。

区出现发展不平衡是必然结果。另外，该理论也强调关联效应和资源优化配置效应。在赫希曼看来，发展落后的国家或地区应集中有限的资源和资本，优先发展少数"主导部门"，尤其是直接生产性活动部门，关联效应是各个产业部门中客观存在的相互影响、相互依存的关联度，并可用该产业产品的需求价格弹性和收入弹性来度量。

另外，很多西方经济学家都用"等级""水平""顺序"等经济梯度的词汇来描述不同地区经济发展存在的客观差距。早期的杜能提出了农业经济圈理论，认为农作物生产距离城市越近越有效益，否则因为保鲜、运输等因素会导致农产品生产缺乏效率，该理论阐明了空间摩擦对人类经济活动的影响，成为土地利用一般理论的基础。韦伯在 1909 年出版了《工业区位论》，研究了生产成本与区域之间的关联。缪尔达尔等人提出了经济梯度转移理论，"认为创新活动是决定区域发展梯度层次的决定性因素，而创新活动大都只发生在经济的高梯度地区，随着时间的推移及产业生命周期阶段的变化，生产活动逐渐从高梯度地区向低梯度地区转移"。[1] 这种梯度转移过程经常伴随着极化效应、扩展效应和回程效应等。极化效应强调高梯度地区因经济、科技的发达而带来的规模效应会更加发展迅速。扩展效应是当高梯度地区的新生产技术由创新阶段进入成熟或衰退阶段时，该技术或产业就会向低梯度地区转移，以增加收入。回程效应是扩展效应引起的后续反方向影响，即经过一段时间扩展效应如达不到预期收益，技术、人才等生产要素将产生回流现象。

按照经济发展不均衡理论，扶贫支援和帮扶协助的过程中需要把握四个方面的基本原则：一是正确认识、科学判断支援

---

① 李廉水、徐建国：《东西部科技合作——理论、模式、途径》，科学出版社 2004 年版，第 10—11 页。

方和受援方在经济社会发展程度、科技发展水平方面的现实差
距以及受援地区产业技术需求的整体匹配性；二是严格按照贫
困地区的资源禀赋、产业发展阶段，选择恰当的、合适当地发
展的科学技术和人才，避免技术过于尖端、人才过于高端导致
对口支援过程出现回流现象，降低效果；三是支援方在实施精
准扶贫和对口支援的过程中，不仅要重视科技资源、技术本身
的转移，更应该注重技术创新诱发性要素的配置和建设，帮助
贫困地区建立相应的科技发展制度和法律法规体系等影响发展
的外围子系统；四是精准扶贫实施过程中要充分发挥科技资源
转移、科技人才引进以及技术升级等对当地传统工业升级、贫
困地区农业现代化、环境治理与保护等方面的促进和拉动作用，
处理好需求与资源的关系，并通过完善法律、制度设计等来最
大程度把科技对经济社会发展的支撑作用发挥出来，为使我国
贫困地区 2020 年同步达到国家提出的经济增长的科技进步贡献
率在 60% 以上做出更大贡献。

四　民族法学相关理论

我国的宪法第四条规定："中华人民共和国各民族一律平
等。"《民族区域自治法》《民族乡行政工作条例》和《城市民
族工作条例》等法律法规中也都体现着"各民族一律平等、保
障少数民族合法权利、各民族共同繁荣、维护民族团结和国家
统一的基本原则"。民族法的基本原则和相关理论为民族地区开
展精准扶贫和对口支援的实践提供了理论基础和法律依据。

从民族平等角度看，我国社会主义制度建立后，要求 56 个
民族在经济、政治、文化和人权等基本权利保障方面一律平等，
这是民族平等的重要前提。另外，我们也要客观地认识到，由
于我国地理区域广袤、历史过程发展不平衡，各少数民族的生
产环境和生活方式差异很大，尤其是与大多数汉族地区的差距
很大，如果不采取恰当措施进行帮扶支援，这种局面将会持续

存在下去，并将进一步拉大发展差距，从根本上失去民族平等的基本意义。因此，国家为实现民族地区和少数民族群众在政治、经济和文化等方面的平等，在一系列民族法律制度中都体现着"国家有义务对少数民族和少数民族地区给予适当倾斜和照顾"。精准扶贫和对口支援的提出与实践，就是促进少数民族地区经济社会发展，实现各民族平等的重要举措之一。

从保障少数民族合法权益角度看，在民族平等的法治国家中，少数民族的合法权利和利益主要包括：民族平等权、民族发展权、民族自治权和民族政治权利、经济权利、文化权利、教育权利、语言文字权利、宗教信仰权利等。但在现实的少数民族权利保障中，要充分认识到历史因素与现实因素、经济因素与政治因素、法律保障与少数民族群众自身能力因素等相互交织的影响。特别是在交通不便、信息不灵、市场经济意识和科学意识淡薄的少数民族地区，保障少数民族的各项权利需要通过宣传引导、财政转移支付、科技对口支援、教育对口支援等措施，逐步地帮助少数民族群众树立权利意识和法制观念，由被动接受权利转变为主动争取权利，最终达到与汉族、发达地区民族权利内容相对一致的状态。

从促进民族共同繁荣的角度看，"各民族繁荣是我们社会主义在民族政策上的根本立场"①，也是民族融合历史进程的重要体现。少数民族地区经济社会的发展，直接关系到我们国家现代化建设目标的能否实现，少数民族的振兴与整个中华民族的振兴紧密相连，不仅是经济问题，更是政治问题。根据党的十九大战略部署，各少数民族繁荣的内容主要包括五个方面：经济建设、政治建设、文化建设、社会建设和生态文明建设。目前很多民族地区仍尚未摆脱贫困、解决温饱的实际问题，如果要实现少数民族与全国人民一道在 2020 年实现全面建成小康社

---

① 《周恩来选集》下卷，人民出版社 1984 年版，第 263 页。

会的总体目标，就必须采取经济、行政、政策、法律等多种手段，提升民族地区经济社会发展的自身能力，缩小与发达地区的差距。在这一过程中，科学技术的推动与渗透功能对缩短时间、空间上的发展差距具有其他因素不可替代的作用，特别是在信息化、国际化配置经济资源的今天，发展现代农业、传统制造业、战略新兴产业、文化产业以及环保产业都需要科学技术与人才的支撑。因此，精准扶贫和加大科技对口支援力度是促进民族地区共同繁荣的重要手段。

从民族团结和国家统一的角度看，维护民族团结与国家统一不仅需要法律制度和法律规范，现代化的安全保障设施与条件也是必不可少的。我国很多少数民族地区都与其他相邻国家接壤，极少数西方反华势力企图分裂中国、制造恐怖事件等也主要瞄准少数民族地区。因此，逐步在少数民族地区建立较为先进的军民互惠、军民融合的现代科技体系对维护民族团结和国家统一具有重要意义。

此外，在民族地区实施精准扶贫和开展对口支援也符合政治伦理学角度的"正义论"理论。20世纪70年代，哈佛大学教授罗尔斯在批判功利主义时，提出了"正义理论"，特别强调在社会和经济不平等的安排制度下，要通过补偿原则、互惠原则和博爱原则实现人与人之间平等的权利。具体的手段是"在政治领域平等自由原则下，在确保财富增长和收入机会平等的前提下，主张对社会中受惠最少者给予差别待遇，在经济利益和机会方面给予倾斜性配置"①。精准扶贫正是基于贫困地区群众、少数民族群众在自身发展方面由于受到地理、人文、历史等客观因素影响，在现阶段享受的先进成果较少，而需要利用法律、政策等工具给予倾斜性配置，最终实现少数民族与汉族

---

① ［美］罗尔斯：《正义论》，何怀宏等译，中国社会科学出版社1988年版，第56—58页。

同等享有现代经济社会发展的能力和机会。

综上所述，对贫困地区、民族地区实施精准扶贫和对口支援措施，既有利于促进区域间经济社会发展的平衡，缩小地区间发展差距；也符合国家战略目标实施的要求，更符合国家制定民族法的基本精神。

第三节　精准扶贫的主要内容

一　专项扶贫

专项扶贫是指国家财政安排专项资金支持、由地方各级政府和相关部门组织实施的扶贫活动，按照省负总责、县抓落实、工作到村、扶贫到户的要求，组织实施易地扶贫搬迁、整村推进、以工代赈、产业扶贫、就业促进、扶贫试点、革命老区建设等重要工程，是现阶段我国综合扶贫开发的重要内容之一。

（一）易地扶贫搬迁

贫困地区恶劣的生存条件与贫困问题通常是互为因果的关系。此类"一方水土养不了一方人"的扶贫对象只有通过易地扶贫搬迁才能从根本上解决脱贫和发展问题。坚持群众自愿原则，积极开展易地扶贫搬迁试点工程，加强与易地扶贫搬迁项目的衔接，共同促进改善贫困群众的生产生活环境。充分考虑资源条件与环境承载能力，因地制宜确定安置模式和人口规模，优先向就业机会更多的中小城镇、工业园区引导移民，因地因情与撤乡并镇、退耕还林等项目相结合，有序搬迁，着力培育和发展后续产业，改善贫困群众获得公共服务的条件。加强统筹协调，切实解决搬迁群众在生产生活等方面的困难和迁出区与安置区的关系，确保搬得出、稳得住、能发展、可致富。

（二）整村推进

自下而上制定或调整村级扶贫规划，分期分批实施。完善基础设施建设，改善群众生产生活条件，稳步增加集体经济收入，提高贫困群众自我发展能力。以县为平台，统筹各类涉农资金和社会帮扶资源，合力推动实施水、电、路、气、房和环境改善"六到农家"工程，发展社会公益事业，建设社会主义新农村社区。加强整村推进后续管理，健全新型社区管理和服务体制，多渠道增加贫困村民收入，巩固提高扶贫开发成果。贫困村相对集中的地方，可实行连片开发。

（三）以工代赈

加强乡村（组）道路和人畜饮水工程建设，改善贫困地区基本农田和草场质量，开展水土保持、小流域治理和片区综合开发。激发农村剩余劳动力通过参与工程建设得到必要收入以达到赈济目的，形成基础设施，稳固生态防御能力，贯彻可持续发展理念。

（四）产业扶贫

充分发挥贫困地区生态环境优势和文化特色，推广先进实用技术，培植壮大特色支柱产业，大力推进旅游扶贫。创新工作机制，调整产业结构，引导和支持企业到贫困地区投资兴业，通过扶贫龙头企业、农民专业合作社和互助资金组织，带动和帮助贫困群众发展生产，强化增加经济收入的"造血"功能。

（五）就业促进

坚持以人为本，注重开发，完善雨露计划。以促进扶贫对象稳定就业为核心，整合培训资源，对农村贫困劳动力开展实用技术培训：对农村贫困家庭未继续升学的应届初、高中毕业生参加劳动预备制培训，给予一定的生活费补贴；对农村贫困家庭新成长劳动力接受中等职业教育给予生活费、交通费等特殊补贴。[1] 提高贫困地区人口素质，增强创业和就业的能力。出

---

[1]　摘自中国政府网国务院公报，2011 年第 35 号（http：//www. gov. cn/gongbao/content/2011/content_ 2020905. htm）。

台《关于支持农民工等人员返乡创业的意见》等政策，鼓励返乡创业与就业相结合。

（六）扶贫试点

创新扶贫开发机制，针对特殊情况和问题，积极开展边境地区扶贫、地方病防治与扶贫开发结合、灾后恢复重建以及其他特困区域和群体扶贫试点，扩大互助资金、连片开发、彩票公益金扶贫、科技扶贫等试点。通过试点探索扶贫新模式，积累经验至扩大推广。

（七）革命老区建设

按差别化原则，制定对老区的重点领域专项规划。进一步完善支持政策体系，推动资源要素向贫困老区优先集聚，民生政策向贫困老区优先覆盖，重大项目向贫困老区优先布局。采取超常规举措，加强科学扶贫和精准扶贫，加大帮扶力度，办好老区民生实事。围绕基础设施建设、资源开发和产业发展、生态环境保护等重点领域和薄弱环节，选准主攻方向，以重点突破带动老区全面提升。[1]

二 行业扶贫

自 2013 年印发《关于创新机制扎实推进农村扶贫开发工作的意见》以来，行业扶贫进一步成为我国大扶贫格局中的关键力量，有力推动贫困地区贫困群众加速脱贫致富奔小康。各项行业扶贫均要层层明确牵头领导、牵头单位和责任单位，尤其是要明确承担行业扶贫工作任务的部门一把手第一责任人的职责。[2] 发挥各自行业优势，把改善贫困地区发展环境和条件作为

---

[1] 何立峰：《扎实推进革命老区开发建设与脱贫攻坚》，《行政管理改革》2016 年第 6 期，第 16—21 页。

[2] 摘自湘潭在线（http://news.xtol.cn/2017/0724/5136142.shtml）。

该行业发展规划的重要内容，向贫困地区倾斜资金、项目等。

坚持市场化原则，加大对资本市场扶贫政策的宣传力度，扩大政策扶贫效应。整合行业协会、交易所等机构，紧密结合当地实际，改进或淘汰落后产能，合力推进行业发展。加强农、林、牧、渔产业指导，各类专业组织交叉合作，完善农村社会化服务体系。通过行业扶贫新兴产业，围绕主打产品、名牌产品、特色产品，大力扶持建设各类批发市场和边贸市场。按照全国主体功能区规划，通过对当地资源合理开发扩展新兴产业和发展特色产业，调整产业结构，激发贫困地区群众内生动力。

推进基础设施建设，整治贫困地区土地。结合当地经济社会发展实际情况，充分利用科学预测的优势，让初期投入非常大的基础设施发挥更好的作用。加快对中低产农田实施改造，提高耕地质量。加强贫困地区水利建设，解决农村饮水安全问题。建设大中型灌区续建配套与小型农田水利，扶持小微型水利设施的建设，推进节水改造实现高效灌溉。重点实施堤防加固工程、病险水库（闸）除险加固工程和灌溉排水泵站更新改造工程。能源行业积极发挥当地资源优势，利用项目开发缓解农村能源贫困。加快贫困地区可再生能源开发利用，因地制宜发展水力发电和太阳能、风能、生物质能等清洁能源，推广应用沼气、节能灶、固体成型燃料、秸秆气化集中供气站等生态能源建设项目，带动改水、改厨、改厕、改圈和秸秆综合利用。

继续推进水电新农村电气化、小水电代燃料工程建设和农村电网改造升级，实现城乡用电同网同价。加快贫困地区通乡、通村道路建设，同时把公路养护工作放在重要位置，积极发展农村物流，积极推进电商产业园和乡村服务站点建设。大力推进"互联网＋"建设，统筹扶贫资源，将扶贫工作系统化、精细化，加快推进精准扶贫进程。对于具备光伏建设条件的建档立卡贫困村，优先帮扶深度贫困地区缺失劳动能力的贫困人口。普及信息服务，优先实施重点扶贫县每村通有线电视、电话、互联网工程。

围绕特色产业发展，把新技术、新成果、新品种带到贫困群众身边，传播新模式、新思路、新理念，培养科技型扶贫龙头企业，推动产业升级和结构优化。建立完善符合贫困地区实际的新型科技服务体系，加快科技扶贫示范村和示范户建设。继续选派科技扶贫团、科技副县（市）长和科技副乡（镇）长、科技特派员到重点县工作。①

通过行业扶贫支援教育发展。推进寄宿制学校建设为边远贫困地区的主要办学形式，加大对边远贫困地区学前教育的扶持力度，逐步提高农村义务教育贫困寄宿生生活补助标准。扩大中等职业教育免学费范围，完善和落实国家助学金政策。推进农村中小学生营养改善工作。增加对各级各类残疾学生的特殊教育和扶助力度。继续实施中西部地区招生协作计划和东部地区对口支援中西部地区高等学校计划，缩小区域高等教育入学机会差距。继续推进广播电视村村通、乡镇综合文化站、文化信息资源共享和农家书屋等重大文化惠民工程，加强基层文化队伍建设。

整合医疗行业部门和动员社会力量，提高新型农村合作医疗和医疗救助保障水平，改善公共卫生和人口服务管理。进一步健全贫困地区基层医疗卫生服务体系，改善推进基层医疗卫生机构基础设施条件。提升妇幼保健水平，重大疾病和地方病防控力度。继续实施万名医师支援农村卫生工程，选派城市万余名医务人员在农村开展诊疗服务、临床教学、技术培训等帮扶活动，手把手带教基层医护人员，提高其医疗水平。促进贫困地区人口与经济社会协调发展，进一步完善农村计划生育家庭奖励扶助制度、"少生快富"工程和计划生育家庭特别扶助制

---

① 摘自中国政府网国务院公报，2011 年第 35 号（http：//www. gov. cn/gongbao/content/2011/content_ 2020905. htm）。

度，加大对计划生育扶贫对象的扶持力度，不断提升流动人口计划生育服务管理整体水平。

健全社会保障体系为扶贫开发创造有利条件。逐步提高贫困地区社会保障及服务水平，切实保障缺失劳动能力、生活常年困难、农村老年群体的基本生活。大力推行新型农村社会养老保险制度，建设农村养老机构和服务设施，结合实际发展社区养老，建立健全养老体系，解决养老问题。健全自然灾害应急救助体系，完善受灾群众生活救助政策。同时规划村庄建设，扩大农村危房改造试点，改善民居。统筹构建户籍制度及其配套改革的总体框架，综合运用户籍政策和就业政策来满足农民工的社会保障需求。①

三　社会扶贫

在坚持政府主导的前提下，广泛动员社会力量积极参与扶贫济困，开展社会扶贫，是加大扶贫攻坚力度、促进贫困地区经济发展、加快全面建设小康社会进程的重要举措之一。社会扶贫包括加强定点扶贫、推进东西部扶贫协作、发挥军队和武警部队的作用、动员企业和社会各界参与扶贫等。

（一）加强定点扶贫

国务院扶贫办会同中直机关工委、中央国家机关工委、中央统战部、人民银行、国务院国资委、教育部和解放军总政治部7个牵头部门，明确帮扶职责，进一步健全和完善定点扶贫工作机制。中央和国家机关各部门各单位、人民团体、参照公务员法管理的事业单位和国有大型骨干企业、国有控股金融机构、各民主党派中央、全国工商联、国家重点科研院校等定点

---

① 冯虹、张玉玺：《特大城市农民工社会保障研究——基于户籍制度改革的视角》，《山西大学学报》（哲学社会科学版）2016年第4期，第124—128页。

帮扶单位，要积极参与定点扶贫，承担相应的定点扶贫任务。积极鼓励、引导、支持和帮助各类非公有制企业、社会组织承担定点扶贫任务，汇集帮扶力量多方联动，采取多样化措施开展定点帮扶。

定点扶贫应加快全面覆盖国家扶贫开发工作重点县进度。各定点扶贫单位要制定帮扶规划，积极争取政策、资金、项目、信息、技术、人才、智力、市场等方面的支持，定期选派优秀中青年干部挂职扶贫。地方各级党政机关和有关单位要切实做好定点扶贫工作，发挥党政领导定点帮扶的示范效应。各大高校从自身特点出发，发挥自身优势，探索多样化帮扶形式。通过帮扶贫困地区提升人力资源开发水平、助推贫困地区产业发展升级、支持贫困地区社会事业发展等，让小到一户人家的脱贫，大到一个县、一个州的发展都从中受益。①

（二）推进东西部扶贫协作

坚持精准聚焦、优势互补、多方参与，不断完善工作机制，深化供给侧结构性改革，大胆探索东西部扶贫协作的新格局。东西部扶贫协作双方要制定规划，在资金支持、产业发展、干部交流、人员培训以及劳动力转移就业等方面积极配合，发挥贫困地区自然资源和劳动力资源优势，立足当地实况组织开展区域性结对帮扶工作。与国家有关部门组织的行业对口帮扶形成结对关系。

把握市场供需关系，推动东部产业向西部梯度转移，使东部先发优势促西部后发效应，努力实现互利双赢、共同发展。②积极推进东中部地区支援西藏、新疆经济社会发展，继续完善对口帮扶的制度和措施。

---

① 摘自国务院扶贫办工作动态的行业扶贫（http：//www. cpad. gov. cn/art/2017/3/30/art_ 22_ 61262. html）。

② 摘自中国共产党新闻网的理论（http：//theory. people. com. cn/n1/2017/0713/c 40531 – 29401549. html）。

（三）发挥军队和武警部队的作用

加强军地协作，各级坚持把部队扶贫工作纳入地方脱贫攻坚整体规划。[①] 军队周密部署展开工作，紧密结合军队特点和驻地实际，贯彻就地就近、量力而行、主动作为的原则，充分发挥人才、科技、装备等优势，保持组织中的严密性积极参与地方扶贫开发，实现军地优势互补。

（四）动员企业和社会各界参与扶贫

宣扬企业与社会各界参与精准扶贫的典型事例，营造人人支持扶贫的良好氛围，倡导企业社会责任的重要性。鼓励企业采取多种方式，推进集体经济发展和农民增收。加强规划引导，鼓励民营企业、社会组织和个人通过多种方式参与扶贫开发。积极倡导扶贫志愿者行动，构建扶贫志愿者服务网络。开展项目认领、捐资助贫等系列活动，打造公益品牌，广泛引导、动员工会、共青团、妇联、科协、侨联等群众组织以及海外华人华侨参与扶贫。组织记者团、青年调研团等群体开展宣传调研活动，借助舆论吸引更多社会各界力量关注。

四　援疆扶贫

在新一轮的援疆过程中，借助自身发展优势，精准发力按照国家精准扶贫、精准脱贫战略部署，援疆省市结合受援地实际，激活当地脱贫"造血"功能。[②] 全面落实各项扶贫开发政策，坚持开发式扶贫方针，聚合专项扶贫、行业扶贫、社会扶贫和援疆扶贫，统筹推进片区扶贫、边境扶贫、山区扶贫、产业扶贫、扶贫培训"五大工程"，深入实施贫困村整体推进规

---

① 摘自中国发展门户网的发展新闻（http://cn.chinagate.cn/news/2016–10/16/content_ 39499417. htm）。

② 马呈忠：《19 省市对口援疆扶贫，助力新疆打赢脱贫攻坚战——"输血"激活"造血"功能》，《经济日报》2016 年 8 月 22 日第 8 版。

划。通过对经济、科技、人才等实行全面支援，形成经济援疆、干部援疆、人才援疆、教育援疆、科技援疆的新局面。合理安排援建资金项目，加强自治县基础设施条件建设，改善贫困村户生产生活条件，提升内在发展能力。

按照"大扶贫"的工作格局，汇聚教育、科技、文化、医疗等行业政策和资源，拓宽南疆三地州信息传播渠道，帮助更多贫困家庭子女享受与城市孩子相同的教育资源。积极促进与对口援疆省市多方面、多领域的沟通对接，坚决克服"等靠要"思想，优先推进扶贫民生工程，扶贫项目更加注重向贫困群众的实际困难延伸，覆盖到最基层，着力解决了一批各族贫困群众最期盼、最急需、最迫切的困难和问题，使绝大多数贫困群众得到实惠。

开展"访民情、惠民生、聚民心"活动，各级驻村干部深入当地农村了解致贫原因，因地制宜地开展帮扶工作。截至2015年，新疆共下派近14万名干部，组成1.86万个工作组赴8668个村。各级部门单位共落实帮扶资金22.6亿元，协调引进项目和技术5447项，帮扶贫困户52.2万户。① 借助"访聚惠"平台落实定点帮扶工作，根据各村情况制定切实可行的帮扶措施，使直接救济的"输血式"扶贫逐步转变为"造血式"扶贫，切实增强帮扶工作的针对性和实效性。按照"领导挂点、部门包村、干部帮户"的要求，扎实推进驻村帮扶工作，积极引进能够带动经济社会发展的扶贫项目，开展实用技术培训、组织劳务输出等多种方式增加贫困群众收入。大力推进贫困地区基础设施建设，各级帮扶单位和"访惠聚"工作队修建文化室、卫生室、乡村道路，修建排碱渠、修建校舍、土地整理、抗旱打井、人畜饮水、引进扶贫项目，加强基层组织阵地、"双

---

① 摘自国务院扶贫办新闻中心的地方动态（http：//www.cpad.gov.cn/art/2015/10/30/art_ 5_ 25587. html）。

语"幼儿园建设，捐赠生产资料、文体娱乐、医疗器械等在各个方面改善了贫困农牧民的生产生活条件。①

在扶贫工作机制上，地厅级领导每人联系一个贫困县、挂点一个村，直到脱贫摘帽。地直单位、县市四套班子成员分别联系一个贫困村；每一位机关干部联系一户贫困户，不脱贫不脱钩。

实现一二三产业联动，提质增效做强绿色农业品牌，大力发展庭院种植型、庭院养殖型、庭院加工型和庭院休闲观光服务型等多元化的庭院经济建设项目，引导农牧民群众发展各具特色的庭院经济。借助对口支援平台，充分发挥援疆干部作用，积极承接产业转移，进一步加大产业援疆力度，着力增强南疆三地州自身"造血"功能，将资源优势转化为经济优势，实现支援地与受援地的协同共进、合作共赢。

第四节　精准扶贫的战略意义

精准扶贫战略是基于我国基本国情、现阶段贫困问题、社会经济发展特点和中国特色扶贫体系的特征提出的。集中社会各界力量和各种资源，聚焦贫困地区和贫困对象，与贫困问题正面交锋，逐步建立精准扶贫工作长效机制，提高扶贫工作的效率与质量，为科学扶贫奠定坚实的基础，从而实现2020年全面建成小康社会的目标。

一　体现中国特色社会主义制度优越性的重要标志

改革开放以来，我国正确遵循科学社会主义理论，致力于发展社会生产力和消除极端贫困，各级党政机关积极探索，科

---

① 摘自国务院扶贫办新闻中心的地方动态，2015年10月9日（http：//www.cpad.gov.cn/art/2015/10/9/art_5_25621.html）。

学制定扶贫举措，创新扶贫方式，成为世界上减贫人口最多且率先完成联合国千年发展目标的国家。扶贫领域取得的成就充分体现了中国特色社会主义制度的优越性。消除贫困、改善民生、实现共同富裕是社会主义的本质要求和中国共产党的历史使命。在扶贫开发中出现的问题，是由于发展过程中改革不到位的问题，而不是社会主义本身固有的问题，社会主义发展必须要解决也必然能解决这些问题。

在中华人民共和国成立一百年时建成富强民主文明和谐美丽的社会主义现代化国家的奋斗目标为扶贫开发和全面建成小康社会提供目标导向，而扶贫开发和全面建成小康社会为奋斗目标奠定基础、提供支撑。[①] 坚持中国共产党的领导，发挥中国共产党总揽全局、协调各方的领导核心作用，是中国特色社会主义最本质的特征。坚持制度自信，深刻认识和把握社会主义的本质要求，保障和发展人民民主。坚持群众路线，推进扶贫精准化，实现科学发展，促进社会公平。坚持团结协作，举全社会之力补齐短板，确保到 2020 年所有贫困地区和贫困人口迈入全面小康社会。

坚持与党中央保持高度一致，认真谋划、群策群力。各级党委政府必须把扶贫开发工作作为重大政治任务来抓，深化认识，统一思想，切实增强责任感、使命感和紧迫感。中国特色社会主义制度使党和政府拥有强大的集中决策、组织动员和统筹协调能力，形成了中国特色社会主义所独有的最大限度整合社会资源、集中力量办大事的体制机制优势。不断提高党把握方向、谋划全局、提出战略、制定政策、推进改革和驾驭社会主义市场经济的能力，是推动中国特色社会主义事业不断发展

---

① 刘国栋：《扶贫开发彰显中国特色社会主义制度优势》，《实践》（思想理论版）2017 年第 2 期，第 39—40 页。

进步的最大政治优势。①

　　社会主义制度中市场经济体制的根本目的在于解放和发展社会生产力，为经济社会发展提供充沛动力，有利于发挥市场经济的长处。党的十八大以来，我们党坚持社会主义市场经济改革方向，从深度和广度上推进市场化改革，激发企业和个人的自主创新活力，扩展更大空间创造财富。充分发挥政府调控宏观经济、推动可持续发展、促进共同富裕等职能，进一步形成市场作用和政府作用的有机统一，相互协调、相互促进。有力推动了全面建成小康社会和中国特色社会主义现代化的进程，充分体现了社会主义制度的优越性。

　　保障人民主体地位是中国特色社会主义的各项制度的核心。在推进全面建成小康社会的伟大实践中，毫不动摇地坚持人民主体地位，因此党政部门能够充分调动群众的发展活力和积极性、主动性、创造性，用推动发展的实际行动赢得广大人民的拥护和支持。广大人民群众在共享社会发展进步所带来的物质财富和精神财富过程中，发自内心拥护党的领导，高度认同社会主义制度的优越性，万众一心、和衷共济，为早日实现建成富强民主文明和谐的社会主义现代化国家的奋斗目标而努力。

二　巩固党的执政基础和国家长治久安的必然要求

　　党执政地位的巩固，从根本上取决于人民群众对政党执政的"合法性"的认同与支持。彻底消除贫困、改善民生、实现共同富裕是实现中国特色社会主义的本质要求，打赢脱贫攻坚战，是实现边疆巩固、民族团结、凝聚民心的现实选择。

　　坚持全面从严治党，强化脱贫攻坚领导责任制，实行中央统筹、省（自治区、直辖市）负总责、市（地）县抓落实的工

---

　　①　摘自新华网的时政正文，2017 年 5 月 5 日（http：//news. xinhuanet. com/politics/2017－05/05/c_ 1120922901. htm）。

作机制，各级领导干部自觉践行党的群众路线，加强作风建设，切实把"三严三实"贯穿于脱贫攻坚始终。强化各级扶贫开发领导小组决策部署、统筹协调、督促落实、检查考核的职能。抓好贫困地区基层组织领导队伍配套建设，充分发挥党员先锋模范作用，集中整顿村党组织，提高贫困村党组织的创造力和凝聚力。进一步加强贫困地区县级干部思想作风建设，加大培训力度，全面提升扶贫干部队伍能力水平。

坚持以人为本、执政为民，有利于激发个体活力，进一步提高社会生产力，解决人民群众日益增长的物质文化需求和落后的社会生产力之间的矛盾，是统筹城乡区域发展、保障和改善民生、缩小发展差距、促进全体人民共享改革发展成果的重大举措。稳定实现扶贫对象不愁吃、不愁穿，保障其义务教育、基本医疗和住房，强化贫困地区社会治安防控体系建设和基层执法队伍建设，健全贫困地区公共法律服务制度，切实保障贫困人口合法权益。对于巩固党的执政基础、确保国家长治久安，对于实现全面建设小康社会奋斗目标、构建社会主义和谐社会，具有重大意义，从而以更大的决心、更强的力度、更有效的举措，打好新一轮扶贫开发攻坚战，确保全市人民共同实现全面小康。①

边疆各族人民的扶贫开发工作，对于巩固党的执政基础、确保边疆少数民族地区社会和谐稳定、实现全面建成小康社会的宏伟目标，具有极其重大的意义。切实加强扶贫开发工作领导，将少数民族聚居团场扶贫开发纳入国家和自治区的经济和社会发展的总体规划中，加强顶层设计，明确各级责任，制定和完善符合少数民族聚居团场扶贫开发实际的特殊优惠政策。加强对部门扶贫工作的督查，确保扶贫项目目标任务落实到实

---

① 邵云：《坚定信念再创佳绩》，《老区建设》2011 年第 13 期，第 27 页。

处。建立包含政策引导、项目规划、技术指导、资金管理、效果评估、档案管理等方面的动态服务管理机制，同时提高自我发展能力，促进扶贫开发工作良好发展，推进小康社会的全面建设。

三　促进全体人民共享改革发展成果的重大举措

在扶贫脱贫进入攻坚克难的重要阶段，确保如期脱贫、杜绝返贫，需要精细化的扶贫思想推动贫困地区整体脱贫，促使全体人民共享改革发展成果。精准扶贫是建设中国特色社会主义的关键任务，《中国农村扶贫开发纲要（2011—2020 年)》指出，"深入贯彻落实科学发展观的必然要求，是坚持以人为本、执政为民的重要体现，是统筹城乡区域发展、保障和改善民生、缩小发展差距、促进全体人民共享改革发展成果的重大举措，是全面建设小康社会、构建社会主义和谐社会的迫切需要"。

始终维护和促进人民的生存权和发展权在人权中的重要性。建立扶贫对象瞄准机制，在普遍提高人民生活水平的同时，针对贫困地区和贫困人口的生存发展情况，找准致贫原因，采取有效措施推进农村减贫事业，基本解决农村居民温饱问题，改善生产生活条件，坚持一个不丢、一户不落，真正实现发展为了人民，发展依靠人民，发展成果由人民共享。

2009 年，国家将扶贫标准从 865 元提高至 1196 元，扶贫开发工作对象从 1004 万增加至 4007 万，更多贫困人口享受国家政策的扶持。① 各级部门深入落实贫困地区社会经济发展和贫困人口增收工作，完善金融资金服务机制，进一步加大政策、项目和资金等方面的倾斜力度。

集中力量解决制约集中连片特困地区发展的突出问题。对

---

① 摘自国务院扶贫办的扶贫要闻，2011 年 7 月 13 日 （http：// www. cpad. gov. cn/art/2011/7/13/art_ 624_ 16928. html）。

革命老区、人口较少民族地区和边境地区贫困村实行整村推进规划，形成政府主导、部门配合、群众参与的扶贫工作格局。组织开展"雨露计划"改革试点，以促进就业为导向，积极开展贫困地区劳动力务工技能培训，促使其转移就业；对贫困家庭初中、高中毕业后未就业的新生劳动力参加职业教育给予直接补助等举措。结合连片开发与科技扶贫，鼓励适合片区功能定位的企业开展经营活动，建设产业化基地。扶持设施农业，发展农村合作经济，以"对口帮扶"形式，支持科研院所开展特色农产品深加工和延伸产业链合作。推动贫困地区产业开发规模化、专业化，为贫困地区培育优势产业，带动贫困人口脱贫致富。采取超常规举措，健全少数民族地区特困群体扶贫开发体制。在扶贫开发中制定使妇女直接受益的政策措施，促进贫困妇女公平参与。坚持扶贫开发与社会保障有效衔接，制定专项康复扶贫资金和优惠政策，扶持缺失劳动力的贫困人口攻坚克难。

拓展社会扶贫，广泛动员社会力量积极参与扶贫济困，加大扶贫攻坚力度，促进社会帮扶资源与精准扶贫有效对接。举全社会之力使发展成果惠及全体人民，保障和改进民生，缩小发展差距，确保深度贫困地区和贫困群众同全国人民一道进入全面小康社会，集中体现了社会主义制度的优越性。

四　决胜全面建设小康社会的迫切需要

实现社会主义现代化和中华民族伟大复兴是建设中国特色社会主义的总任务，全面建设小康社会是重大历史任务承上启下的关键环节。通过运用科学有效程序精准识别扶贫对象，精确帮扶、精确管理和精准考核，坚决打赢脱贫攻坚战，扎实建立起民主更加健全、科教更加进步、文化更加繁荣、人民生活稳定收入差距缩小、公共服务均等的小康社会。

习近平总书记所建构的精准扶贫思想体系及对扶贫攻坚的

实践指导，是我国决胜全面小康社会的重要法宝。"小康不小康，关键看老乡"，补齐扶贫攻坚的短板是决胜全面小康社会的重点，强化总体部署，全面实施精准扶贫、精准脱贫战略，集中力量攻关深度贫穷地区，加快深度贫困群体迈入小康社会进程。

习近平总书记在第十八届中央委员会上指出"要提高保障和改善民生水平，加强和创新社会治理。优先发展教育事业，提高就业质量和人民收入水平，加强社会保障体系建设，打造共建共治共享的社会治理格局，加快生态文明体制改革，推进绿色发展"等一系列举措，并强调"在全面建成小康社会的基础上，分两步走在 21 世纪中叶建成富强民主文明和谐美丽的社会主义现代化强国"。进一步瞄准深度贫困地区与贫困群体，以更加集中的支持、更加有效的举措、更加有效的工作，以确保打赢扶贫攻坚这场硬仗。①

精准扶贫还具有重大的经济意义。随着精准扶贫不断推进，贫困人口收入增幅可观，贫困人口收入的增长会刺激消费，增加内需，进而推动经济社会健康持续协调发展，全面激发贫困地区内生动力。把精准扶贫落到实处，让贫困群众获得实实在在的物质利益，不仅能增强党对基层号召力，还能促进基层社会稳定。全面建成小康社会，现行标准下的任何一个贫困人口，是证明社会主义制度优越性的最好例证。努力把全体人民群众提升至高于扶贫标准线的生活水平，确保新阶段扶贫取得切实的精准成效，增加人民群众对全面建成小康社会的满意度和国际社会对我国全面建成小康社会的认可度。

五　为国际社会提供了借鉴经验

中国作为最大的发展中国家，所取得的脱贫攻坚成绩、为

---

①　粒程骓：《"精准扶贫"：决胜全面小康社会的重要法宝》，《南京社会科学》2017 年第 9 期。

人类减贫事业做出的贡献获得了国际社会的广泛赞誉。国际社会坚信中国能够如期打赢脱贫攻坚战，赞赏中国精准扶贫精准脱贫方略的基层落地经验。2016年8月，联合国开发计划署发布《中国人类发展报告（2016）》，高度评价中国的扶贫工作，认为通过有针对性的多维减贫和精准扶贫，中国使6.6亿人脱贫，特别是对民族和边疆地区的发展扶持，为人类的包容性发展做出了贡献。我国承诺到2020年实现农村贫困人口全部脱贫，既是全面建成小康社会的必要条件，也是落实联合国《2030年可持续发展议程》的重要一步，正如联合国秘书长古特雷斯在致2017减贫与发展高层论坛贺信中所说的，"精准减贫方略是帮助贫困人口、实现《2030年可持续发展议程》宏伟目标的唯一途径。中国已实现数亿人脱贫，中国的经验可以为其他发展中国家提供有益借鉴"。这也体现了中国作为负责任大国的历史担当。

尽管社会物质财富丰富，贫困问题依然还是当今世界最严峻的挑战之一。贫困人口，尤其是无法保障维持生存基本条件的绝对贫困人口，大多数生活在发展中国家。贫困的表现形式通常为经济增长乏力，难以为贫困地区、贫困人口创造更多的就业机会和产业结构调整空间。有些发展中国家尽管整体经济效益良好，但由于没有实施相应的配套民生改善政策，贫困人口难以共享发展成果，始终无法缩小贫富差距；部分发展中国家的专项扶贫计划缺乏从国家治理的高度进行顶层设计，政策系统结构单一，连续性较差，难以集中力量整体推进等。

我国在脱贫攻坚进程中形成的做法经验，可以为发展中国家更有效地治理贫困提供参考。首先，加大习近平总书记扶贫开发战略思想的阐发、宣传力度，构建习近平总书记扶贫开发重要战略思想国际化话语体系，有效开展国际传播，为中国扶贫经验奠定思想认识基础。其次，积极搭建中国减贫经验国际化交流合作平台，通过建设海外减贫交流基地、举办论坛，充分考虑不同国家贫困治理的历史、程度、特征、原因，帮助它们在借鉴中国扶贫政策措施模式的基础上探索本土化的实现路径。现有援助项目设计应立足于扶贫，覆盖更多贫困人口。同时推进对外减贫合作与"一带一路"合作建设和中国企业"走出去"战略有机结合，实现互助共赢。

坚持因地制宜，一切从实际出发是精准扶贫实现共同富裕的一条基础经验。中国与各国开展减贫合作，除了吸取发达国家对贫困开展斗争的经验教训，加大自身精准扶贫精准脱贫国际价值总结提炼的同时，引导合作国坚持实事求是，理解和反思精准扶贫提供的价值参考，在实践中探索中国经验模式本土化的实现路径。

本章小结

随着贫困问题发展的不断纵深化，贫困问题衍生出许多新的现象，知识贫困、能力贫困等单靠大规模的经济增长难以解决目前复杂的贫困问题日益凸显，以往的扶贫战略在新形势下获得的效益越来越弱，确立有效的扶贫机制显得十分迫切。作为中国共产党人集体智慧的结晶，精准扶贫思想的形成与实践具有内在的合目的性与规律性的哲学依据与理论基础。以实现全面小康、不落一人的目标，满足贫困地区贫困人口的特殊需要，加强对贫困群体的瞄准力度与支持力度。但精准扶贫的实施并不意味着否定以往的扶贫方式以及证明前期扶贫战略是错误的。精准扶贫战略是对前期扶贫战略的继承与发展，不同时期的扶贫战略都体现了中国共产党执政为民的情怀以及消除贫困，改善民生，实现共同富裕的社会主义本质要求。

认真落实党中央关于打好精准脱贫攻坚战的决策部署，坚持稳中求进工作总基调，坚持精准扶贫精准脱贫基本方略，坚持"中央统筹，省负总责，市县抓落实"的体制机制，以深度贫困地区脱贫攻坚为重点，以扶贫领域作风专项治理为抓手，以提高脱贫攻坚实效为导向，由找准帮扶对象向精准帮扶稳定脱贫转变，由关注脱贫速度向保证脱贫质量转变，由开发式扶贫为主向开发式扶贫与保障式扶贫并重转变，加大工作力度，强化监督考核，确保打好脱贫攻坚战。

第二章　精准扶贫的制度梳理

以精准扶贫实现精准脱贫的基本方略是对改革开放以来扶贫开发战略和政策的延续与传承。一方面要坚定不移地深入落实这些战略举措，另一方面要根据扶贫发展的结构性变化进行制度创新，探索不同阶段的贫困治理规律，构建并不断完善精准扶贫的政策体系。因此，针对全国性的贫困共性问题，必须制定中央层面的原则性要求和统一政策；针对各地区致贫原因的差异性，又需要各地区各部门出台靶向政策和具体措施，形成上下联动、相互支持、协同发力的扶贫政策综合体系。

第一节　党中央和国务院的相关制度

十八大以来，中共中央、国务院出台扶贫文件 5 个，中共中央办公厅、国务院办公厅出台扶贫文件 20 个，启动实施"十三五"脱贫攻坚规划。这其中，具有顶层设计性质和全面指导意义的有 2011 年（十八大之前）中共中央、国务院印发的《中国农村扶贫开发纲要（2011—2020 年）》，2015 年中共中央、国务院印发的《关于打赢脱贫攻坚战的决定》，2016 年国务院印发的《"十三五"脱贫攻坚规划》等。

一　制度设计的基本原则

坚持牢牢把握精准扶贫精准脱贫基本方略。中共中央和国务院层面的精准扶贫制度深入贯彻落实了习近平总书记关于"六个精准"和"五个一批"的重要指示精神,以及中央扶贫开发工作会议和《中共中央、国务院关于打赢脱贫攻坚战的决定》有关要求,坚持将精准扶贫精准脱贫基本方略贯穿于指导思想、基本原则、脱贫目标、主要任务、重大举措和支持政策等各个环节,推动各类扶贫资源精准滴灌到建档立卡贫困人口、贫困村和贫困县,确保做到精确瞄准、精准滴灌、靶向治疗,避免大而化之、大水漫灌。

坚持与相关重大规划、重大政策相衔接。十八大以来的相关制度十分注重与"十三五"规划,以及交通、水利、能源、教育、卫生、农业、林业、旅游等专项规划的衔接,继承和细化了"十三五"脱贫攻坚总目标,围绕"两不愁、三保障",按照约束性和预期性两种类型,进行了细化,既突出了脱贫攻坚工作的底线要求,又体现全面建成小康社会的预期引导作用。

坚持充分发挥市场机制和社会力量作用。出台的一系列制度措施按照新时期脱贫攻坚的新理念和新要求,紧紧围绕发挥我国的政治优势和制度优势,调动各方面积极性,充分发挥市场机制作用,引导社会力量参与扶贫开发,构建政府、市场、社会协同共进的大扶贫格局。政府责任主要强调的是按照"中央统筹、省负总责、市县抓落实"的工作机制,将省、市、县、乡各级党委政府的责任层层压实,充分发挥农村基层党组织的战斗堡垒作用。同时充分发挥和利用好社会和市场两个力量、两种资源。

二　脱贫攻坚面临的形势

《中国农村扶贫开发纲要(2011—2020年)》指出,扶贫开发是建设中国特色社会主义伟大事业的一项历史任务,基本解决农村贫困人口的温饱问题只是完成这项历史任务的一个阶段性胜利。我国目前正处于并将长期处于社会主义初级阶段,在较长时期内存在贫困地区、贫困人口和贫困现象是不可避免的。
当前尚未解决温饱的贫困人口，虽然数量不多，但是解决的难
度很大。初步解决温饱问题的群众，由于生产生活条件尚未得
到根本改变，他们的温饱还不稳定，巩固温饱成果的任务仍然
十分艰巨。基本解决温饱的贫困人口，其温饱的标准还很低，
在这个基础上实现小康、进而过上比较宽裕的生活，需要一个
较长期的奋斗过程。至于从根本上改变贫困地区社会经济的落
后状况，缩小地区差距，更是一个长期的历史性任务。要充分
认识扶贫开发的长期性、复杂性和艰巨性，继续把扶贫开发放
在国民经济和社会发展的重要位置，为贫困地区脱贫致富做出
不懈努力。（见图 2 - 1）

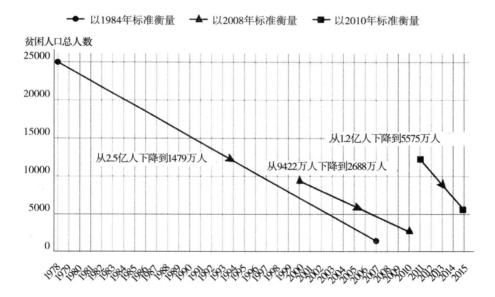

图 2 - 1　我国历年扶贫标准及贫困总人数

数据来源：《中国扶贫开发报告（2016）》。

《中共中央、国务院关于打赢脱贫攻坚战的决定》指出，我
国扶贫开发已进入啃硬骨头、攻坚拔寨的冲刺期。中西部一些
省（自治区、直辖市）贫困人口规模依然较大，剩下的贫困人

口贫困程度较深，减贫成本更高，脱贫难度更大。实现到 2020
年让 7000 多万农村贫困人口摆脱贫困的既定目标，时间十分紧
迫、任务相当繁重。必须在现有基础上不断创新扶贫开发思路
和办法，坚决打赢这场攻坚战。

《"十三五"脱贫攻坚规划》指出，"十三五"时期，新型
工业化、信息化、城镇化、农业现代化同步推进和国家重大区
域发展战略加快实施，为贫困地区发展提供了良好环境和重大
机遇，特别是国家综合实力不断增强，为打赢脱贫攻坚战奠定
了坚实的物质基础。中央扶贫开发工作会议确立了精准扶贫、
精准脱贫基本方略，党中央、国务院制定出台了系列重大政策
措施，为举全国之力打赢脱贫攻坚战提供了坚强的政治保证和
制度保障；各地区各部门及社会各界积极行动、凝神聚气、锐
意进取，形成强大合力；贫困地区广大干部群众盼脱贫、谋发
展的意愿强烈，内生动力和活力不断激发，脱贫攻坚已经成为
全党全社会的统一意志和共同行动。

三　扶贫开发的基本思路

《中国农村扶贫开发纲要（2011—2020 年）》中提出，引导
贫困地区群众在国家必要的帮助和扶持下，以市场为导向，调
整经济结构，开发当地资源，发展商品生产，改善生产条件，
走出一条符合实际的、有自己特色的发展道路。通过发展生产
力，提高贫困农户自我积累、自我发展能力。这是贫困地区脱
贫致富的根本出路，也是扶贫工作必须长期坚持的基本方针。
把扶贫开发纳入国民经济和社会发展计划，促进贫困地区经济、
社会的协调发展和全面进步；与资源保护、生态建设相结合，
与计划生育相结合，控制贫困地区人口的过快增长，实现资源、
人口和环境的良性循环，提高贫困地区可持续发展的能力。

《中共中央、国务院关于打赢脱贫攻坚战的决定》中强调，
充分发挥各级党委总揽全局、协调各方的领导核心作用，严格

执行脱贫攻坚一把手负责制，省市县乡村五级书记一起抓。强化政府责任，引领市场、社会协同发力，鼓励先富帮后富，构建专项扶贫、行业扶贫、社会扶贫互为补充的大扶贫格局。扶贫开发贵在精准，重在精准，必须解决好扶持谁、谁来扶、怎么扶的问题，做到扶真贫、真扶贫、真脱贫，切实提高扶贫成果可持续性，让贫困人口有更多的获得感。扶贫开发不能以牺牲生态为代价，探索生态脱贫新路子，让贫困人口从生态建设与修复中得到更多实惠。充分调动贫困地区干部群众积极性和创造性，注重扶贫先扶智，增强贫困人口自我发展能力。突出问题导向，创新扶贫开发路径，由"大水漫灌"向"精准滴灌"转变；创新扶贫资源使用方式，由多头分散向统筹集中转变；创新扶贫开发模式，由偏重"输血"向注重"造血"转变；创新扶贫考评体系，由侧重考核地区生产总值向主要考核脱贫成效转变。

《"十三五"脱贫攻坚规划》指出，坚持以"六个精准"统领贫困地区脱贫攻坚工作，精确瞄准、因地制宜、分类施策。按照中央统筹、省负总责、市县抓落实的工作机制，坚持问题导向和目标导向，压实责任、强力推进。充分发挥政府主导和市场机制作用，稳步提高贫困人口增收脱贫能力，逐步解决区域性整体贫困问题。推动扶贫开发与资源环境相协调、脱贫致富与可持续发展相促进，使贫困人口从生态保护中得到更多实惠。坚持群众主体地位，保障贫困人口平等参与、平等发展权利，充分调动贫困地区广大干部群众的积极性、主动性、创造性，发扬自强自立精神，依靠自身努力改变贫困落后面貌，实现光荣脱贫。

四 精准扶贫的组织保障

《中国农村扶贫开发纲要（2011—2020年）》中提出，扶贫开发工作责任在省，关键在县。要继续实行扶贫开发工作责任到省、任务到省、资金到省、权力到省的原则。各有关省、自治区、直辖市的党委和政府都要按照"三个代表"的要求，以高度的责任感和使命感，切实做好扶贫开发工作。扶贫开发工作重点县，必须把扶贫开发作为党委和政府的中心任务，以扶贫开发工作统揽全局，负责把扶贫开发的政策措施真正落实到贫困村、贫困户。要继续实行扶贫工作党政"一把手"负责制，把扶贫开发的效果作为考核这些地方党政主要负责人政绩的重要依据。（见表2-1）

表2-1　　　　　省级党委和政府扶贫开发工作成效考核指标

	考核内容	考核指标	数据来源	完成情况
减贫成效	建档立卡贫困人口减少	计划完成情况	扶贫开发信息系统	
	贫困县退出	计划完成情况	各省提供（退出计划、完成情况）	
	贫困地区农村居民收入增长	贫困地区农村居民人均可支配收入增长率（%）	全国农村贫困监测	
精准识别	贫困人口识别	准确率（%）	第三方评估	
	贫困人口退出		第三方评估	
精准帮扶	因村因户帮扶工作	群众满意度（%）	第三方评估	
扶贫资金	使用管理成效	绩效考评结果	财政部、扶贫办	

资料来源：《中国精准扶贫发展报告（2017）》。

《中共中央、国务院关于打赢脱贫攻坚战的决定》中指出，实行中央统筹、省（自治区、直辖市）负总责、市（地）县抓落实的工作机制，坚持片区为重点、精准到村到户。党中央、国务院主要负责统筹制定扶贫开发大政方针，出台重大政策举措，规划重大工程项目。省（自治区、直辖市）党委和政府对扶贫开发工作负总责，抓好目标确定、项目下达、资金投放、组织动员、监督考核等工作。市（地）党委和政府要做好上下衔接、域内协调、督促检查工作，把精力集中在贫困县如期摘帽上。县级党委和政府承担主体责任，书记和县长是第一责任人，做好进度安排、项目落地、资金使用、人力调配、推进实施等工作。要层层签订脱贫攻坚责任书，扶贫开发任务重的省（自治区、直辖市）党政主要领导要向中央签署脱贫责任书，每年要向中央做扶贫脱贫进展情况的报告。省（自治区、直辖市）党委和政府要向市（地）、县（市）、乡镇提出要求，层层落实责任制。中央和国家机关各部门要按照部门职责落实扶贫开发责任，实现部门专项规划与脱贫攻坚规划有效衔接，充分运用行业资源做好扶贫开发工作。军队和武警部队要发挥优势，积极参与地方扶贫开发。改进县级干部选拔任用机制，统筹省（自治区、直辖市）内优秀干部，选好配强扶贫任务重的县党政主要领导，把扶贫开发工作实绩作为选拔使用干部的重要依据。脱贫攻坚期内贫困县县级领导班子要保持稳定，对表现优秀、符合条件的可以就地提级。加大选派优秀年轻干部特别是后备干部到贫困地区工作的力度，有计划地安排省部级后备干部到贫困县挂职任职，各省（自治区、直辖市）党委和政府也要选派厅局级后备干部到贫困县挂职任职。各级领导干部要自觉践行党的群众路线，切实转变作风，把严的要求、实的作风贯穿于脱贫攻坚始终。

《"十三五"脱贫攻坚规划》对组织保障进一步做了细化，明确了部门分工，指出在国务院扶贫开发领导小组统一领导下，扶贫开发任务重的省、市、县、乡各级党委和政府要把脱贫攻坚作为中心任务，层层签订脱贫攻坚责任书，层层落实责任制。重点抓好县级党委和政府脱贫攻坚领导能力建设，改进县级干部选拔任用机制，选好配强扶贫任务重的县党政班子。脱贫攻坚任务期内，县级领导班子保持相对稳定，贫困县党政正职领导干部实行不脱贫不调整、不摘帽不调离。加强基层组织建设，强化农村基层党组织的领导核心地位，充分发挥基层党组织在脱贫攻坚中的战斗堡垒作用和共产党员的先锋模范作用。加强对贫困群众的教育引导，强化贫困群众的主体责任和进取精神。大力倡导新风正气和积极健康的生活方式，逐步扭转落后习俗和不良生活方式。完善村级组织运转经费保障机制，健全党组织领导的村民自治机制，切实提高村委会在脱贫攻坚工作中的组织实施能力。加大驻村帮扶工作力度，提高县以上机关派出干部比例，精准选配第一书记，配齐配强驻村工作队，确保每个贫困村都有驻村工作队，每个贫困户都有帮扶责任人。实行中央统筹、省负总责、市县抓落实的工作机制。省级党委和政府对脱贫攻坚负总责，负责组织指导制定省级及以下脱贫攻坚规划，对规划实施提供组织保障、政策保障、资金保障和干部人才保障，并做好监督考核。国家发展改革委、国务院扶贫办负责规划的组织实施与监测评估等工作。

五　精准扶贫的政策保障

中国精准扶贫政府体系如图 2－2 所示：

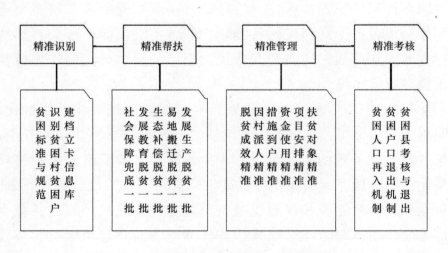

图 2－2　中国精准扶贫政府体系总体框架

　　《中国农村扶贫开发纲要（2011—2020年）》中着重从资金安排方面做了部署，提出：中央财政和省级财政都必须把扶贫开发投入列入年度财政预算，并逐年有所增加。要进一步扩大以工代赈规模。要针对目前贫困地区财政困难的实际情况，加大财政转移支付的力度。中国农业银行要逐年增加扶贫贷款总量，主要用于重点贫困地区，支持能够带动贫困人口增加收入的种养业、劳动密集型企业、农产品加工企业、市场流通企业以及基础设施建设项目。对各类企业到贫困地区兴办的有助于带动贫困户增加收入的项目，应视项目效益给予积极支持。在保障资金安全的前提下，适当放宽贫困地区扶贫贷款项目的条件，根据产业特点和项目具体情况，适当延长贷款期限。积极稳妥地推广扶贫到户的小额信贷，支持贫困农户发展生产。扶贫贷款执行统一优惠利率，优惠利率与基准利率之间的差额由中央财政据实补贴。

　　《中共中央、国务院关于打赢脱贫攻坚战的决定》中除了资金政策保障外，增加了开发用地和科技人才的政策保障。《决定》中指出，新增建设用地计划指标优先保障扶贫开发用地需要，专项安排国家扶贫开发工作重点县年度新增建设用地计划指标。中央和省级在安排土地整治工程和项目、分配下达高标准基本农田建设计划和补助资金时，要向贫困地区倾斜。在连片特困地区和国家扶贫开发工作重点县开展易地扶贫搬迁，允许将城乡建设用地增减挂钩指标在省域范围内使用。在有条件的贫困地区，优先安排国土资源管理制度改革试点，支持开展历史遗留工矿废弃地复垦利用、城镇低效用地再开发和低丘缓坡荒滩等未利用地开发利用试点。加大科技扶贫力度，解决贫困地区特色产业发展和生态建设中的关键技术问题。加大技术创新引导专项（基金）对科技扶贫的支持，加快先进适用技术成果在贫困地区的转化。深入推行科技特派员制度，支持科技特派员开展创业式扶贫服务。强化贫困地区基层农技推广体系建设，加强新型职业农民培训。加大政策激励力度，鼓励各类人才扎根贫困地区基层建功立业，对表现优秀的人员在职称评聘等方面给予倾斜。大力实施边远贫困地区、边疆民族地区和革命老区人才支持计划，贫困地区本土人才培养计划。积极推进贫困村创业致富带头人培训工程。

这些制度以新时期中央扶贫开发系列决策部署为总遵循，以精准扶贫精准脱贫基本方略为总引领，以确保贫困地区和贫困人口与全国一道进入全面小康社会为总目标，突出了宏观指导性，系统阐释了新时期脱贫攻坚工作的指导思想、基本原则、主要目标、重点任务、保障措施等，明确了产业发展、转移就业、易地搬迁、教育扶贫、健康扶贫、生态保护、兜底保障、社会帮扶、区域发展等方面的重大举措、重大工程和重大项目，是各地区各部门推进脱贫攻坚工作的行动指南，也是制定扶贫相关专项规划的重要依据。

第二节　国家有关部委的相关制度

党中央和国务院根据当下的新形势提出并完善扶贫开发工作的新要求，为实现全面建成小康社会提供了科学的路径规划和行为规范。国家各部委对精准扶贫的推进工作做出了积极的回应，在各自领域内制定了支持精准扶贫事业的相关政策，细化了党中央和国务院的扶贫措施，进一步丰富了精准扶贫政策体系。尤其是党的十八大以来，中央和国家机关各部门出台相关政策文件或实施方案 227 个，形成了政策合力。各地也不断完善"1＋N"脱贫攻坚系列文件，内容涉及产业扶贫、易地扶贫搬迁、劳务输出扶贫、交通扶贫、水利扶贫、教育扶贫、健康扶贫、金融扶贫、农村危房改造、土地增减挂钩、资产收益扶贫等，瞄准贫困人口，因地制宜，分类施策。本节对一些重点扶贫政策进行以下梳理。

一　就业扶贫机制

2016 年，人力资源和社会保障部围绕实现精准对接、促进稳定就业的目标，印发了《关于切实做好就业扶贫工作的指导意见》，提出采取多种措施促进贫困劳动力实现就业、增加收入，发挥就业在精准扶贫中的重要作用。

具体措施可以概括为以下五方面：第一，各地扶贫部门在建档立卡工作基础上，切实担负摸查贫困劳动力就业失业基础信息的责任；对未就业的摸清就业意愿和就业服务需求；对已就业的摸清就业地点、就业单位名称和联系方式，并填写农村贫困劳动力就业信息表，组织专人审核并将信息录入扶贫开发信息系统。第二，各地要积极开发就业岗位，拓宽贫困劳动力就地就近就业渠道；东部省份、中西部省份经济发达地区要依托对口协作机制，结合产业梯度转移，着力帮扶贫困县发展产业，引导劳动密集型行业企业到贫困县投资办厂或实施生产加工项目分包；对大龄、有就业意愿和能力、确实难以通过市场渠道实现就业的贫困劳动力，可通过以工代赈等方式提供就业帮扶。第三，各地要依托东西部对口协作机制和对口支援工作机制，开展省际劳务协作，同时要积极推动省内经济发达地区和贫困县开展劳务协作；帮助贫困县健全公共就业服务体系，完善公共就业服务制度，提升就业服务能力；充分利用现代化手段开展远程招聘，降低异地招聘成本，提高招聘效率；支持贫困地区办好技工学校、职业培训机构和公共实训基地，重点围绕区域主导产业加强专业、师资、设备建设，提高技工教育和职业培训能力；加强对在支援地就业贫困劳动力的权益维护，提升其就业稳定性。第四，各地要以就业为导向，围绕当地产业发展和企业用工需求，统筹培训资源，积极组织贫困劳动力参加劳动预备制培训、岗前培训、订单培训和岗位技能提升培训，提高培训的针对性和有效性，并按规定落实职业培训补贴；

实施技能脱贫千校行动，组织省级重点以上的技工院校，定向招收建档立卡贫困户青年，帮助他们获得专业技能，在毕业后实现技能就业。第五，各地要切实维护已就业贫困劳动力劳动权益，指导督促企业与其依法签订并履行劳动合同、参加社会保险、按时足额发放劳动报酬，积极改善劳动条件，加强职业健康保护；要定期联系、主动走访已就业贫困劳动力，及时掌握其就业失业情况，对就业转失业的，及时办理失业登记，按规定落实失业保险待遇，提供"一对一"就业帮扶，帮助其尽快上岗；人力资源和社会保障部、国务院扶贫办将开展精准扶贫爱心企业创建活动，鼓励企业吸纳和稳定贫困劳动力就业。

二 电商扶贫机制

近年来，随着互联网的普及和农村基础设施的逐步完善，我国农村电子商务发展迅猛，交易量持续保持高速增长，已成为农村转变经济发展方式、优化产业结构、促进商贸流通、带动创新就业、增加农民收入的重要动力。为此，国务院扶贫办、国家发改委于2016年联合14个部委出台了《促进电商精准扶贫指导意见》，旨在进一步创新扶贫开发体制机制，将电商扶贫纳入脱贫攻坚总体部署和工作体系，实施电商扶贫工程，推动互联网创新成果与扶贫工作深度融合，带动建档立卡贫困人口增加就业和拓宽增收渠道，加快贫困地区脱贫攻坚进程。

具体措施包括以下几方面：第一，加快改善贫困地区电商基础设施，扎实推进贫困地区道路、互联网、电力、物流等基础设施建设；改善贫困地区电商发展基本条件，力争到2020年，宽带网络覆盖90%以上的贫困村，80%以上的贫困村有信息服务站；推动有条件的贫困村客运场站信息化建设，提升电商小件快运服务能力；推进电信普遍服务试点工作，大力实施信息进村入户工程。第二，促进贫困地区特色产业发展，推动"名特优新""三品一标""一村一品"农产品和休闲农业上网营销；制定适应电子商务的农产品质量、分等分级、产品包装、业务规范等标准，推进扶贫产业标准化、规模化、品牌化；扶持一批辐射带动能力强的新型农业经营主体，培育一批农村电子商务示范县、示范企业和示范合作社。第三，加大贫困地区电商人才培训，整合各类培训资源开展电商扶贫培训，到2020年完成1000万人次以上电商知识和技能培训，培养100万名以上农村青年电商高端人才，实现每个贫困村至少有1名电商扶贫高级人才，形成一支懂信息技术、会电商经营、能带动脱贫的本土电商扶贫队伍。第四，鼓励建档立卡贫困户依托电商就业创业。为符合条件的贫困地区高校毕业生、返乡创业农民工和网络商户等发展电子商务提供创业担保贷款，支持贫困村青年、妇女、残疾人依托电子商务就业创业。第五，支持电商扶贫服务体系建设，动员有志于扶贫事业的电商企业，搭建贫困地区产品销售网络平台和电商服务平台；支持银行业金融机构和非银行支付机构研发满足贫困地区电子商务发展需求的网上支付、手机支付等产品，加快贫困村村级电商服务点、助农取款服务点建设。第六，推进电商扶贫示范网店建设。加快贫困村电商扶贫村级站点建设，重点打造4万家电商扶贫示范网店，通过贫困农户创业型、能人大户引领型、龙头企业带动型、乡村干部服务型等多种建设模式。第七，对基层传统网点实施信息化改造升级，加快全国信息进村入户村级信息服务站建设，支持贫困地区"万村千乡"农家店、邮政、供销合作社、快递网点、村邮站和村级综合服务中心（社）信息化改造，拓展经营服务内容，在提供便民超市、农资代销等传统服务的基础上，增加网上代购代售新型服务功能。第八，动员社会各界开展消费扶贫活动。以每年扶贫日为时间节点，组织有关电商企业和网络平台，共同举办"邀您一起来网购"等消费扶贫体验活动，集中购买贫困地区土特产品，培育全社会消费扶贫意识，逐步形成电商扶贫的品牌产品、品牌企业。

三　东西部扶贫协作机制

东西部扶贫协作和对口支援是推动区域协调发展、协同发展、共同发展的大战略，是加强区域合作、优化产业布局、拓展对内对外开放新空间的大布局，是打赢脱贫攻坚战、实现先富帮后富、最终实现共同富裕目标的大举措。为全面贯彻落实《中共中央、国务院关于打赢脱贫攻坚战的决定》和中央扶贫开发工作会议、东西部扶贫协作座谈会精神，中共中央办公厅、国务院办公厅在 2016 年底印发了《关于进一步加强东西部扶贫协作工作的指导意见》。

《意见》重新调整了东西部扶贫协作结对关系。在完善省际结对关系的同时，实现对民族自治州和西部贫困程度深的市州全覆盖，落实北京市、天津市与河北省扶贫协作任务。调整后的东西部扶贫协作结对关系为：北京市帮扶内蒙古自治区、河北省张家口市和保定市；天津市帮扶甘肃省、河北省承德市；辽宁省大连市帮扶贵州省六盘水市；上海市帮扶云南省、贵州省遵义市；江苏省帮扶陕西省、青海省西宁市和海东市，苏州市帮扶贵州省铜仁市；浙江省帮扶四川省，杭州市帮扶湖北省恩施土家族苗族自治州、贵州省黔东南苗族侗族自治州，宁波市帮扶吉林省延边朝鲜族自治州、贵州省黔西南布依族苗族自治州；福建省帮扶宁夏回族自治区，福州市帮扶甘肃省定西市，厦门市帮扶甘肃省临夏回族自治州；山东省帮扶重庆市，济南市帮扶湖南省湘西土家族苗族自治州，青岛市帮扶贵州省安顺市、甘肃省陇南市；广东省帮扶广西壮族自治区、四川省甘孜藏族自治州，广州市帮扶贵州省黔南布依族苗族自治州和毕节市，佛山市帮扶四川省凉山彝族自治州，中山市和东莞市帮扶云南省昭通市，珠海市帮扶云南省怒江傈僳族自治州。对口支援西藏、新疆和四省藏区工作在现有机制下继续坚持向基层倾斜、向民生倾斜、向农牧民倾斜，更加聚焦精准扶贫、精准脱贫，瞄准建档立卡贫困人口精准发力，提高对口支援实效。

东西部协作和对口支援的主要内容，可以概括为五个方面：一是开展产业合作，帮扶双方要把东西部产业合作、优势互补作为深化供给侧结构性改革的新课题，研究出台相关政策，大力推动落实；要立足资源禀赋和产业基础，激发企业到贫困地区投资的积极性，支持建设一批贫困人口参与度高的特色产业基地，培育一批带动贫困户发展产业的合作组织和龙头企业，引进一批能够提供更多就业岗位的劳动密集型企业、文化旅游企业等，促进产业发展带动脱贫；加大产业合作科技支持，充分发挥科技创新在增强西部地区自我发展能力中的重要作用。二是组织劳务协作，帮扶双方要建立和完善劳务输出精准对接机制，提高劳务输出脱贫的组织化程度；西部地区要做好本行政区域内劳务对接工作，依托当地产业发展，多渠道开发就业岗位，支持贫困人口在家乡就地就近就业；开展职业教育东西协作行动计划和技能脱贫"千校行动"，积极组织引导贫困家庭子女到东部省份的职业院校、技工学校接受职业教育和职业培训；东部省份要把解决西部贫困人口稳定就业作为帮扶重要内容，创造就业机会，提供用工信息，动员企业参与，实现人岗对接，保障稳定就业。三是强化人才支援，帮扶双方选派优秀干部挂职，广泛开展人才交流；采取双向挂职、两地培训、委托培养和组团式支教、支医、支农等方式，加大教育、卫生、科技、文化、社会工作等领域的人才支持，把东部地区的先进理念、人才、技术、信息、经验等要素传播到西部地区；加大政策激励力度，鼓励各类人才扎根西部贫困地区建功立业。四是加大资金支持，东部省份要根据财力增长情况，逐步增加扶贫协作和对口支援财政投入，并列入年度预算；西部地区要以扶贫规划为引领，整合扶贫协作和对口支援资金，聚焦脱贫攻坚，形成脱贫合力。五是动员社会参与，帮扶省市要鼓励支持本行政区域内民营企业、社会组织、公民个人积极参与东西部扶贫协作和对口支援；利用全国扶贫日和中国社会扶贫网等平台，组织社会各界到西部地区开展捐资助学、慈善公益医疗救助和志愿服务等扶贫活动；实施社会工作专业人才服务贫困地区计划和扶贫志愿者行动计划，支持东部地区社会工作机构、志愿服务组织、社会工作者和志愿者结对帮扶西部贫困地区，为西部地区提供专业人才和服务保障；注重发挥军队和武警部队在西部贫困地区脱贫攻坚中的优势和积极作用，因地制宜做好帮扶工作。

四　支持革命老区脱贫机制

革命老区（以下简称老区）是党和人民军队的根，老区和老区人民为中国革命胜利和社会主义建设做出了重大牺牲和重要贡献。中华人民共和国成立60多年特别是改革开放40年来，在党中央、国务院关心支持下，老区面貌发生深刻变化，老区人民生活水平显著改善，但由于自然、历史等多重因素影响，一些老区发展相对滞后、基础设施薄弱、人民生活水平不高的矛盾仍然比较突出，脱贫攻坚任务相当艰巨。为进一步加大扶持力度，加快老区开发建设步伐，让老区人民过上更加幸福美好的生活，中共中央办公厅、国务院办公厅于2016年下发了《关于加大脱贫攻坚力度支持革命老区开发建设的指导意见》。

意见的主要措施包括：第一，加强规划引导和重大项目建设。编制实施国民经济和社会发展"十三五"规划等中长期规划时，对老区予以重点支持。全面实施老区振兴发展规划和集中连片特困地区区域发展与脱贫攻坚规划，加快落实规划项目和政策。探索建立老区重大项目审批核准绿色通道，加快核准审批进程，对重大项目环评工作提前介入指导。第二，持续加大资金投入。中央财政一般性转移支付资金、各类涉及民生的专项转移支付资金进一步向贫困老区倾斜。增加老区转移支付资金规模，扩大支持范围。中央财政专项扶贫资金分配向贫困老区倾斜。加大中央集中彩票公益金支持老区扶贫开发力度，力争实现对贫困老区全覆盖。鼓励和引导各类金融机构加大对老区开发建设的金融支持。第三，强化土地政策保障。在分解下达新增建设用地指标和城乡建设用地增减挂钩指标时，重点向老区内国家扶贫开发工作重点县倾斜。鼓励通过城乡建设用地增减挂钩优先解决老区易地扶贫搬迁安置所需建设用地，对不具备开展增减挂钩条件的，优先安排搬迁安置所需新增建设用地计划指标。在贫困老区开展易地扶贫搬迁，允许将城乡建设用地增减挂钩指标在省域范围内使用。第四，完善资源开发与生态补偿政策。合理调整资源开发收益分配政策，研究提高老区矿产、油气资源开发收益地方留成比例，强化资源开发对老区发展的拉动效应。支持将符合条件的贫困老区纳入重点生态功能区补偿范围。支持符合条件的老区启动实施湿地生态效益补偿和生态还湿。第五，提高优抚对象优待抚恤标准。继续提高 "三红" 人员（在乡退伍红军老战士、在乡西路军红军老战士、红军失散人员）、在乡老复员军人等优抚对象抚恤和定期生活补助标准。研究逐步提高新中国成立前入党的农村老党员和未享受离退休待遇的城镇老党员生活补助标准。严格落实优抚对象医疗保障政策，逐步提高医疗保障水平。鼓励有条件的地方实行优抚对象基本殡葬服务费用减免政策。第六，促进干部人才交流和对口帮扶。推进贫困老区与发达地区干部交流，大力实施边远贫困地区、边疆民族地区和革命老区人才支持计划。研究实施直接面向老区的人才支持项目，支持老区相关单位申报设立院士工作站和博士后科研工作站。深入推进中央企业定点帮扶贫困革命老区县 "百县万村" 活动，进一步挖掘中央和省级定点扶贫单位帮扶资源，逐步实现定点扶贫工作对贫困老区全覆盖。

五 贫困退出机制

为切实提高扶贫工作的针对性、有效性，注重脱贫质量，坚决防止虚假脱贫，确保贫困退出反映客观实际、经得起检验；同时，使稳定达到脱贫标准的人口和村庄能够及时退出，新增贫困人口或返贫人口能及时纳入扶贫范围。2016 年，中共中央办公厅、国务院办公厅下发了《关于建立贫困退出机制的意见》，对贫困人口、贫困村、贫困县的退出标准做出了界定：贫困人口退出以户为单位，主要衡量标准是该户年人均纯收入稳定超过国家扶贫标准且吃穿不愁，义务教育、基本医疗、住房安全有保障；贫困户退出由村"两委"组织民主评议后提出，经村"两委"和驻村工作队核实、拟退出贫困户认可，在村内公示无异议后退出，并在建档立卡贫困人口中销号。贫困村退出以贫困发生率为主要衡量标准，统筹考虑村内基础设施、基本公共服务、产业发展、集体经济收入等综合因素，原则上贫困村贫困发生率降至 2% 以下（西部地区降至 3% 以下），在乡镇内公示无异议后退出。贫困县（包括国家扶贫开发工作重点县和集中连片特困地区县）原则上贫困发生率降至 2% 以下（西部地区降至 3% 以下），由县级扶贫开发领导小组提出退出，市级扶贫开发领导小组初审，省级扶贫开发领导小组核查，确定退出名单后向社会公示征求意见，公示无异议的，由各省（自治区、直辖市）扶贫开发领导小组审定后向国务院扶贫开发领导小组报告。

总之，国家有关部委在建立全方位扶贫政策体系的过程中，可以充分利用自身的宏观管理和调控优势，科学合理配置各类资源，实现扶贫政策效力的最大化。

第三节　新疆维吾尔自治区的相关制度

自改革开放以来，为实现"两个一百年"和全面建成小康的奋斗目标，全国各地在扶贫攻坚方面群策群力，新疆维吾尔自治区的扶贫工作与全国同步开展，从以解决温饱问题为目标的扶贫开发转变为现阶段有重点有层次的精准扶贫，政策导向从区域整体演变为精准突破。

一 新疆致贫的原因分析

新疆发展中最突出的"短板"在于其贫困地区，尤其是贫困人口高度集中、规模较大的南疆四地州的脱贫工作成本高、难度大。首先，脆弱的生态环境、恶劣的自然条件和频繁的自然灾害很大程度上制约了新疆经济社会的发展。新疆在海拔1500至4800米偏远地区的很多农牧民的贫困户是扶贫攻坚的"硬骨头"。由于水资源的缺乏和不合理的浪费，丰富的煤、石油等资源无法开采利用。南疆四地州人均耕地2.23亩，低于全疆平均水平（2.77亩）0.54亩；人均水资源3620立方米，低于全疆平均水平（4035立方米）415立方米。土地沙化、盐渍化、荒漠化危害突出，资源与环境面临巨大压力。[1]恶劣的自然条件很大程度上影响了交通、通信、水利等基础设施的建设，贫困村户的衣食住行、健康、收入等方面都受到了限制。

其次，新疆农村于20世纪80年代中期才开始实施计划生育，导致人口增长率过高，而偏远贫困村的教育水平低下。如和田农村小学入学率为98.7%，而到了初中下降为64.7%，辍学率很高。人力资源开发不足，人才匮乏。贫困落后的经济制约了教育的发展，教育的落后同样影响着经济的发展。尤其是南疆四地州，农村劳动力受语言文字、传统习惯、宗教意识、技能水平等多方面因素的影响，外出务工者较少，而贫困地区的第一产业占比较大，就业空间小，工业发展多为初级产品，附加值低，服务业发展落后。长期以来新疆产业结构和就业结构不协调决定了

---

[1] 马延亮：《新疆南疆四地州区域经济竞争力分析》，《工程经济》2015年第3期，第109—114页。

新疆的快速经济增长难以创造出更多的就业岗位。2004 年，新疆城镇贫困人口中失业人口占 20.8%，2012 年达到了 31%。① 就业不足是新疆地区的关键致贫原因。

再次，民族宗教问题的突发事件是新疆社会政治稳定最严重的威胁。三股势力的渗透、国际民族及宗教问题的影响、民族及宗教法制建设滞后、民主制度缺失、内地涉疆问题突出等因素使政府在发展经济时困难重重，做法不接地气，忽视群众的实际问题和困难的解决，最终可能导致小矛盾酿成大事件。② 文化模式的多样化必然会使行为模式多样化发展，除了加大维护社会治安以及在不与宗教信仰冲突的前提下合理落实扶贫工作，文化素质的提升是必不可少的一环。

最后，新疆的社会事业发展不足，覆盖面窄、医疗卫生场所缺少，医护人员短缺，尤其是在高寒山区，贫困地区因病致贫、因病返贫的现象十分普遍。③ 新疆贫困地区的科技水平相对落后，本地的干部素质相对低下，人才的匮乏，这在农业、工业上往往会直接影响产量和村户的收入。

二　构建脱贫攻坚工作体系

（一）脱贫攻坚政策体系

为明确脱贫攻坚工作职责，新疆维吾尔自治区以《新疆维吾尔自治区〈中国农村扶贫开发纲要（2011—2020）〉实施办法》为中心，从精准识别、精准帮扶到精准管理、精准考核，建立了一套完整制度，形成了具有新疆脱贫攻坚特点的"1 + N"政策

---

① 张庆红：《新疆城镇贫困的现状、成因及对策分析》，《新疆社科论坛》2014 年第 3 期，第 66—71 页。

② 艾玲：《新疆与民族宗教问题相关突发事件的成因探析》，《现代妇女：理论前沿》2014 年第 6 期，第 74—75 页。

③ 张丽君等：《中国少数民族地区扶贫进展报告（2016）》，中国经济出版社 2017 年版，第 109 页。

文件体系。包括教育扶贫行动、健康扶贫行动、金融扶贫行动、交通扶贫行动、水利扶贫行动、科技扶贫行动、劳务协作对接扶贫行动、"千企帮千村"扶贫行动、危房改造和人居环境改善扶贫行动"十大专项行动"精准扶贫举措；包括干部驻村帮扶工程、易地扶贫搬迁工程、职业教育培训工程、扶贫小额信贷工程、电商扶贫工程、乡村旅游扶贫工程、光伏扶贫工程、构树扶贫工程、贫困村创业致富带头人培训工程、龙头企业带动工程"十大工程"。区、市、县、乡、村五级书记抓扶贫的"五大抓手"工作方案，落实财政政策、金融政策、资产收益政策、用地政策、人才政策、脱贫激励政策"六大政策"方案，建立精准扶贫、组织保障、纵向联动、横向协同、队伍保障、社会动员、扶贫宣传、脱贫评估、督查考核问责"九大机制"运行方案。起草形成了《自治区贫困退出实施意见》《地州市党委和政府（行署）扶贫开发工作成效考核办法》《自治区区内协作扶贫工作方案》《全面下放财政专项扶贫资金项目审批权限的通知》《自治区农村无户籍新落户人口贫困识别工作方案》《自治区贫困退出验收核查工作方案（试行）》等41个文件。

此外，近年来，针对南疆四地州区域性整体贫困，自治区党委、政府逐地州召开座谈会，就致贫原因、生态资源、潜在优势进行分析，一地一策做出安排部署，组织协调各方力量推进南疆四地州脱贫攻坚。30个部门合力推进克孜勒苏柯尔克孜自治州的脱贫攻坚工作。各部门予以高度重视，实事求是地拿出硬招。例如，自治区发改委2016年为克州建设5个肉羊良种扩繁场，发展养羊示范户500户以上，"十三五"期间力争建成人工饲草料基地18万亩；自治区民政厅把克州护边员及其家庭成员全部纳入了农村低保范围，同时对护边员家庭实行特殊核算办法，提高护边员家庭收入；自治区农业厅将帮助克州完成"十三五"戈壁设施农业发展规划编制工作，并积极争取国家支持，对涉农企业、合作社等给予贴息、担保等；自治区旅游局计划支持克州乡村旅游从业人员的培训培养等。① 和田、喀什、阿克苏等地也在自治区顶层设计下，逐步形成一个超大规模人力投入支持脱贫攻坚的社会大帮扶格局。

（二）精准扶贫管理体系

2016 年，新疆维吾尔自治区扶贫开发领导小组第一次全体会议上对自治区党委、人民政府关于扶贫开发领导小组做出了调整，实行"双组长"制，党政"一把手"共同担任组长，党委、政府等班子有关领导担任副组长，各有关部门单位主要领导担任成员，充实加强了领导和成员单位力量。领导小组切实担当起脱贫攻坚重任，充分发挥好组织领导、统筹协调、督促落实、检查考核作用，及时研究解决脱贫攻坚中的突出困难和重大问题。各成员单位要按照自治区党委扶贫开发工作会议部署，结合任务分工方案，建立健全机制，加强政策和规划衔接，细化和落实部门职责，形成脱贫攻坚合力。领导小组办公室要适应形势任务的变化，侧重在整体推动、组织协调、督促落实上下功夫。要善于谋划一些管用、有效的重要举措，引领带动整个脱贫攻坚工作。

近几年，自治区先后印发《关于开展扶贫开发信息采集工作的通知》等 5 份文件，安排部署扶贫开发信息系统数据采集、录入等相关工作，完成了帮扶措施的信息录入，并对未来帮扶措施和建设需求等数据进行了采集。2015 年发布的《自治区扶贫开发建档立卡"回头看"工作方案》等 4 份文件，成立了自治区建档立卡系统核查小组，把贫困村户建档立卡"回头看""挤水分"作为"访民情"的基础性工作。在地州、县市自查的基础上，开展南北疆交叉调查，组织第三方评估，实行人大代表、政协委员、民主党派、纪检监察、审计、媒体等多方位

---

① 姚彤：《脱贫攻坚：一个都不能少　坚决打赢脱贫攻坚战》，《新疆日报》2016 年 10 月 21 日。

的监督。并且切实加强扶贫信息化建设，在加强扶贫信息化建设的同时强调新疆扶贫信息网站扶贫政务公开的重要性，确保扶贫对象精准。

与此同时，自治区不断加强财政扶贫资金与其他部门专项资金的整合，形成多元化投入机制，主要措施有三个方面：现阶段主要采用因素法和竞争性分配法分配省以下财政专项扶贫资金，未来将通过大数据平台实施资金分配；民族地区财政厅与扶贫办共同拟定财政专项扶贫资金竞争性分配暂行办法，打造民生财政，设置 3 类 7 项考评指标来对使用财政专项资金的县进行考评；实行简政放权，扶贫目标、任务、资金、权责"四到县"。减少委托代理层级，加强乡镇财政所就地、就近、实时的监管作用，规范项目档案管理，确保报账资料的真实性。

另外，全区结合开展"访民情惠民生聚民心"活动，围绕"四个切实""六个精准""五个一批"等指导思路，建立了较为完善的驻村工作队制度，开展自治区扶贫开发领导小组督查工作。《地州市党委和政府（行署）扶贫开发工作成效考核办法》对涉农资金使用和"十大行动"等实施情况进行监督、管理和公示。《自治区贫困县党政领导班子和领导干部经济社会发展实绩考核办法》大幅度增加新疆维吾尔自治区脱贫指标权重，并将扶贫开发工作实绩作为选拔任用干部的重要依据。

（三）脱贫攻坚的主要手段

自治区除了深入落实中央及其他相关部门的扶贫开发政策，强力推进"五个一批"等举措外，还结合新疆维吾尔自治区自身的特点，通过对南疆三地州、边境、山区的重点区域扶贫推进全区的扶贫工作，建立多维度的精准扶贫发展体系。《新疆南疆三地州集中连片特困地区兵团片区区域发展与扶贫攻坚规划"十三五"规划（2016—2020 年）》指出了现阶段的发展机遇：中央全面实施脱贫攻坚的机遇、"一带一路"建设带来的机遇、对口援疆的发展机遇、中央和自治区支持兵团向南发展的重大机遇、兵团自身发展带来的机遇。

对于自然生态环境相对恶劣的新疆维吾尔自治区，生态保护与建设至关重要。依据生态功能与环境功能，划定生态红线，设立重点生态功能区，保护天然林、天然草场以及荒漠植被、荒漠河岸林，构建天山南坡、塔里木盆地南部和东部、叶尔羌河流域的绿色走廊和生态屏障。加大对水源涵养区和水质良好水库的生态保护工程及能力建设力度。加强叶尔羌河荒漠林及中下游湿地的保护与恢复。实施夏可河生态区治理。开发图木舒克沙漠生态公园。加大天然林、草场的保护与公益林的建设，开展退耕还林还草、退牧还草等生态防护工程建设，进一步建设完善塔里木盆地（塔克拉玛干沙漠）周边绿洲防护林、农田防护林体系。

大力提高生产生活条件，逐步启动高标准农田整团推进计划，顺利启动图木舒克市国家现代农业示范区建设。推进片区现代灌区节水改造（滴灌、自动化滴灌）工程。采取水利、农业、林业和科技等综合配套措施，进行田林路渠综合治理，加快农机农艺和信息化融合，以适应农业机械化和田间管理要求。根据职工群众的不同需求，不断改善职工群众居住条件和环境。拓宽增收渠道，提高职工进镇居住能力。结合游牧民定居工程，加大棚户区改造力度，配套建设牲畜棚圈及饲草料基地。加快推进片区危房改造，把建档立卡贫困户放在优先位置，切实保障贫困户基本住房安全。

健全包括教育、医疗卫生、基层文化、养老服务、社会救助、人才培养在内的基本公共服务体系。新建各级各类教育项目总建筑面积35.47万平方米（含运动场及配套）；建成4所二级甲等医院，1所综合性专科二级甲等医院（精神康复、传染病、职业病、康复为一体）；5个社区卫生服务中心；团连综合文化设施和广播电视建设工程；图木舒克市非物质文化遗产的传承和保护项目；有线电视双向改造建设工程；少数民族聚居团场高山无线发射台站基础设施项目；兵团少数民族文化艺术培训中心；建设团场养老院 2 个；建立图木舒克市人力资源市场、老干部活动中心、少数民族干部培训中心等重点项目。开展"民族团结一家亲"帮扶项目，教育引导各族干部职工群众牢固树立"三个离不开"思想，增强"五个认同"观念，通过"一对一"结队认亲户，积极帮助认亲户解决生产生活中的实际困难，自觉融入各族职工群众"共居、共学、共事、共乐"的环境。

抓住"一带一路"建设带来的机遇，以铁路、公路、机场等为连接轴，加强与喀什、和田、克州和周边地区的联系，形成与地方城镇嵌入式发展、环塔里木西南缘的"喀什—图木舒克"、"和田—昆玉"城镇组团，打造"两中心、三支点"的城镇空间格局。

强调积极推进新型工业化建设。农产品精深加工：立足南疆和周边国家丰富的特色农产品优势，加快建设特色林果、畜产品、生物制品 3 个特色农产品精深加工基地；重点开发有机绿色食品，打造种养、加工、制造、包装、流通等为一体的现代产业体系。纺织服装：紧密结合自治区"三城七园一中心"布局，以图木舒克市工业园区和草湖工业园区为载体，积极承接纺织产业转移，鼓励纺织服装企业集聚发展，努力把纺织服装发展成为片区重要支柱产业。农用装备制造：立足南疆，紧盯周边市场，建立巩固与农业规模化、集约化相适应的农用装备体系，重点发展节水灌溉设备、种子加工机械、农田建设机械、各类耕整机械等。新型建材：加快新型建材产业发展。鼓励优势企业以资金、品牌、技术等生产要素为纽带进行整合，提升水泥行业的整体实力。以节能、节地、环保为重点，发展以工业废弃物等为主要原料的生态建材产品，加快墙体材料产品升级步伐。能源资源加工：积极参与保障国家能源资源陆上大通道建设，推动能源资源储备和加工基地建设；鼓励、支持企业参与周边国家石油石化资源进口，在有条件的城市和重点园区积极承接和规划建设大型石化项目，发展壮大石油天然气化工产业。

加强建设片区视频监控平台及相关配套的技术防控体系，提高综合治理能力，确保片区平安稳定。在此基础上，构建全天候、无缝隙社会治安防控体系。坚持依法治国，严厉打击各类违法犯罪活动，保护职工群众生命财产安全。强化反腐败斗争，建立健全惩治和预防腐败体系。

第四节　东西部扶贫协作的契约制度

东西部地区政府间签署有关扶贫协议是落实对口支援法律法规的具体体现。考察目前我国东西部扶贫协议的类别，主要以政府之间的行政协议为主，根据协议缔约方的行政主体分析，可以粗略归为两类：一类是中央政府的职能管理部门①与民族地区政府签订的协议，另一类是发达地区政府（支援方）与民族地区政府（受援方）间签订的合作协议。透过这两类协议的形式和内容来看，实质反映出在扶贫协作和对口支援过程中，中央政府与地方政府、地方政府与地方政府之间的行政关系及法律关系变化。"政府之间的法律关系按照垂直序列和横向序列来看可以分为纵向关系和横向关系，横向关系又包括同级政府部门间的关系和不同行政区域同级别政府之间的关系。"② 对口支援中央职能部门与民族地区政府合作属于纵向关系，而地方间政府的合作属于不同行政区域同级别政府之间的横向关系。特别是在市场经济条件逐步成熟、民主法治更加完善的情况下，

---

① 中央政府的职能管理部门通常是指我国的国务院组成部门，根据《国务院组织法》，国务院组成部门代表国务院在法律的规定职责范围内，行使相应的行政管理权和行政执法权。

② 刘铁：《对口支援的运行机制及其法制化：基于汶川地震灾后恢复重建的实证分析》，法律出版社 2010 年版，第 200 页。

中央与地方的行政指导关系正在由"权利法定、强制权威"的命令式指挥向"权利法定、协商合作"的商议式业务指导转变，一些"私法"契约精神也开始体现在行政指导性的文件中，而地方政府间扶贫协作更是形成了以促进经济转型、增加人民群众福祉和保护生态环境的公共利益为导向，以"平等自愿、意思自治、有价等偿、合作共赢"私法理念为运行基础的合作机制。下面笔者将结合科技部与内蒙古自治区政府签署的《科学技术部、内蒙古自治区人民政府依靠科技创新进一步促进内蒙古经济社会又好又快发展战略合作框架协议》以及北京市政府与宁夏回族自治区政府签署的《北京市人民政府、宁夏回族自治区人民政府科技合作框架协议》来分析两类协议的法律属性。

一　国家部委与民族地区政府间协议

关于中央部委与地方政府间签署协议的属性分析，我们以科技部与内蒙古签署的协议为例。2012 年 10 月 18 日，科技部与内蒙古自治区人民政府举行了部区工作会商会议，会上全国政协副主席、科技部部长万钢与内蒙古自治区党委副书记、自治区主席巴特尔签署《科学技术部、内蒙古自治区人民政府依靠科技创新进一步促进内蒙古经济社会又好又快发展战略合作框架协议》。合作协议旨在贯彻落实《国务院关于进一步促进内蒙古经济社会又好又快发展的若干意见》（国发〔2011〕21 号，以下简称《意见》），加快推进内蒙古科技事业发展。合作协议内容主要包括五个方面：一是强化科技创新，提高农牧业现代化水平，打造绿色农畜产品生产加工基地；主要措施是科技部协助自治区在农作物和牧草新品种选育与高产高效标准化栽培技术、家畜优良品种选育及标准化规模养殖技术、动物重大疫病防控、农作物病虫草害综合防治和农畜产品深加工技术等方面加强攻关，大力实施粮食丰产科技工程、科技特派员农村科技创新创业行动和科技富民强县专项行动计划等。二是加快民生科技发展，提升可持续发展能力，构筑我国北方生态安全屏障；主要措施是开展重点生态功能区保护和治理关键技术研发、推广和应用，强化草原、森林、沙地沙漠和水土流失等示范工程建设，开展循环经济技术和模式示范推广，建立蒙药与蒙医诊疗技术标准体系，攻克一批蒙药创新药及二次开发的共性关键技术等。三是强化科技对战略性新兴产业培育、传统产业优化升级支撑能力，积极构建多元化现代产业体系；主要措施是着力开展煤化工、清洁煤、稀土关键应用技术研发和产业化，发展高端农牧业装备制造研究与开发，深入开展深地探测技术研发，支持蒙古语软件研发和应用推广，建设大型数据中心，加快现代服务业的发展等。四是统筹各类创新资源，打造内蒙古呼包鄂科技创新发展先行区，推进区域创新体系协调发展；主要措施是结合内蒙古打造呼包鄂经济圈及沿黄沿线经济带的发展规划，双方实现创新联动合作机制，着力聚集创新资源，优化创新环境，加快创新型城市建设，加强该区域高新区、重点实验室和工程技术研究中心等创新平台载体的布局与升级，构建特色区域创新体系，把呼包鄂区域打造成内蒙古科技创新发展先行区。五是发挥内蒙古作为我国向北开放桥头堡的区位优势，扩大国家和地方科技合作与交流，推动协同创新，主要措施是鼓励内蒙古科研单位与国家级科研院所开展科技合作，推进新技术研发和成果转化，推动鄂尔多斯国家清洁能源国际创新园等国际科技合作基地建设，把满洲里中俄蒙科技展打造成为中国北方科技博览会，培育面向俄蒙辐射内地的技术交易体系等。

首先，从协议签署的主体分析，体现出协议缔约方地位平等和业务指导的双重属性。科技部属于国务院组成部门，根据《国务院组织法》等法律，科技部具有牵头拟订科技发展规划和方针、政策，起草有关法律法规草案，制定部门规章，并组织实施和监督检查，指导相关部门和地方开展科技合作与交流工作等法定职能;① 内蒙古自治区政府属于我国行政区域划分中省级政府，管辖所在区域的经济、政治、文化和社会等公共事务。根据我国的行政级别对应关系，科技部和内蒙古自治区政府属于对等关系，同属于省部级。但是在科技部的法定职能内又包含"对地方开展科技工作的监督检查，指导地方开展科技合作与交流工作"等内容，从此角度而言，科技部至少在有关内蒙古科技事业发展、科学工程规划、科技机构和实验室布局等相关领域具有业务指导和行政监督的行政关系，正如在调研中有民族地区科技管理干部说"上面的决策对我们地方发展科技事业的支持至关重要"，这句话实际上反映出科技部与内蒙古自治区在"科技领域的上下级关系"。当然，科技部在选择欠发达地区签署合作协议时也要充分考虑这些地区的现实利益需求和区域经济发展现状，努力将自身行政权力管辖的事权与欠发达地区的科技需求有效结合起来，转化成推动当地产业升级和改善民生的有效措施。因此，多重角度结合起来，笔者认为双方在签订合作协议时是具有平等主体地位与业务指导双重属性的。

其次，从协议签署的客体分析，即协议的内容反映出协议缔约方贯彻落实有关法律规范和赋予职能的内容细化，以及法律规范之外适应科技发展新形势的创新制度补充。当然我们分析行政协议内容前，首先需要从逻辑上把行政协议和行政合同加以区别。笔者根据国内外有关学者的观点，认为行政协议多指基于平等地位的行政主体围绕公共利益的行政法规范的事权之处理，相互达成合意的过程；而行政合同是"国家行政机关或者其他主体以实现国家行政管理的特殊要求为目的，与行政

---

① 摘自科技部网站首页的政府信息公开栏（http://www.most.gov.cn/mostinfo/xinxifenlei/jgszyzn/kjbzn/200811/t20081129_65668.htm）。

相对人达成的明确双方权利义务的协议"。① 以上可以看出，行政协议是行政机关之间的法律关系，而行政合同是行政机关与行政相对人之间的法律关系。在此基础上，笔者认为协议的内容可以大致分为两个层次，一方面是协议的部分内容是宪法、民族区域自治法以及科技进步法等法律规范规定的科技对口支援形式、行为等在政府执行法律层面的具体工作内容的政策化及可操作性体现，是科技对口支援的政府主体共同合作贯彻落实法律精神，执行法律规则的必然途径和有效方式，如上述协议中的"结合内蒙古打造呼包鄂经济圈及沿黄沿线经济带的发展规划，双方实现创新联动合作机制，着力聚集创新资源，优化创新环境，加快创新型城市建设，加强该区域高新区、重点实验室和工程技术研究中心等创新平台载体的布局与升级，构建特色区域创新体系，把呼包鄂区域打造成内蒙古科技创新发展先行区"内容就是《民族区域自治法》中"上级国家机关应当组织、支持和鼓励经济发达地区与民族自治地方开展经济、技术协作和多层次、多方面的对口支援，帮助和促进民族自治地方经济、教育、科学技术、文化、卫生、体育事业的发展"的法律执行形式以及工作安排。另一方面协议的内容体现了随着科学发展以及高新技术产业迅猛发展，科技管理部门和政府需要提出新措施、新方法和新手段等来加以治理。由于这些内容属于制度创新、管理创新和方式方法创新，具有开拓性、创造性以及法律管辖缺失性等特征，所以根据现有行政管理法律及规则无法解决和救济出现的问题，因此通过行政协议这种相互协商且灵活的契约形式构建具有一定法律功能的行政制度就显得非常重要。正如刘铁所指的，"处于改革转型期的政府职能又需要借助一定的空间、保持一定的张力来适应改革和发展的

① 陈光中：《中华法学大辞典（诉讼法学卷）》，中国检察出版社1995年版，第656页。

需要，这为法定职能之外寻求依靠协商的途径设定政府及其部门的行政事务留下了余地"[1]。

再次，从协议签署的动因分析，一方面，协议能够保障科技对口支援合作机制的持续化。科学基础设施建设、高新技术产业转移以及对口援助项目都需要一定的时间周期，而当前我国政府行政管理过程中依法行政以及科学治理的程度和能力仍然存在一定程度上的不足，很多地方经常出现行政部门主要领导工作变动后，上一任领导推动和执行的任务被新一任领导"否定"而不能继续执行，结果不仅浪费人力、财力和物力，有时还会造成人民群众利益的重大损失。例如一些地方政府建设高新技术产业园区，涉及大量居民搬迁赔偿问题，当地方政府领导变动后，新任领导如果不认可这些项目可能会减少财政投资、拖延建设时间，时有居民的赔偿经费被克扣，经常发生集体上访事件。因此，为避免科技对口支援工作中途出现变故，支援方和受援方双方都有动力通过签署协议来明确各自职责，以及最大程度保障援助工作的可持续性。另一方面，双方在签署协议的背后都有各自利益的考量，作为国家科技管理部门，尽管科技部只是在科技领域具有管辖事权，但科技部希望内蒙古自治区政府主要领导能够把发展科技事业、加强科技投入作为自治区总体工作布局中的重要工作来推动，这样科技部的一些重要工作设想和发展规划才能在基层落地。同样，欠发达地区政府希望通过签署协议的方式，获得科技部在科技设施建设、科技经费投入、科技政策优惠、科技人才引进等方面的照顾和倾斜，从而缓解本级财政投入该领域的压力，增加该地区的公共利益和社会效益。正是基于以上原因，现在国家部委与欠发达地区通过行政协议形式来推进对口支援工作已经成为一项重

---

① 刘铁：《对口支援的运行机制及其法制化：基于汶川地震灾后恢复重建的实证分析》，法律出版社 2010 年版，第 146 页。

要制度。

最后，从协议签署的性质分析，协议体现出行政合同与公共契约相融合、公法与私法相借鉴的特征。英国法学家梅因指出，"所有进步社会的运动，到此处为止，是一个从身份到契约的运动，因此，行政法作为一个利益分和的规则，同样也蕴涵着巨大的契约精神和契约伦理"①。"在市场经济这一大背景下，权利不再只是法律的，同时，'也可能是经济的、社会的和政治的'，而且在'契约的规范层面上，正是后面这种权利而非法律权利最有价值'。"② 科技部对内蒙古自治区实施科技对口支援工作的业务指导在一定程度上表现为行政主体与行政相对人的关系，而通过协议形式具体细化科技对口支援内容和项目则带有契约内涵，科技对口支援合作协议表明支援方和受援方逐步开始重视从身份认同下的单向合作到契约形式下的协商合作。此外，协议也体现着公法与私法的融合，协议签署的根本目的是通过帮助内蒙古自治区发展科技事业来促进民生改善和生态环境建设，这正与公法以维护公共利益、解决公共问题为主要目的是一致的，当然，签订协议也遵循着"权力法定、维护社会公平正义"公法的基本属性；协议形成的过程及内容的最终确定是协议缔约方经过反复协商和充分沟通基础上达成的意思一致，因此完全遵循了私法的"主体平等、意思自治"的基本原则。

二　东部地区与少数民族地区政府间协议

省区间政府扶贫协作的协议属性分析，我们以北京市人民政府与宁夏回族自治区人民政府的合作协议为例。2013 年 1 月

---

① ［英］梅因：《古代法》，沈景一译，商务印书馆 1996 年版，第 97 页。

② ［美］麦克尼尔：《新社会契约论》，雷喜宁、潘勤译，中国政法大学出版社 2004 年版，第 51 页。

6日，北京市副市长苟仲文、宁夏回族自治区副主席屈冬玉在北京出席了两地科技合作签约仪式，并代表双方政府签署了《北京市人民政府、宁夏回族自治区人民政府科技合作框架协议》，协议重点围绕先进适用技术的研究推广、科技成果转化基地建设、产学研用及科技中介机构合作等方面，开展多层次、多领域的科技合作。合作原则坚持市场主导、政府推动，发挥市场机制在区域经济发展中的主导作用，强化双方政府间的沟通协调、规划指导和政策引导，共同促进各类创新要素和资源在区域内优化配置；坚持优势互补、互利共赢。发挥双方在区位、资源、产业环境等方面的比较优势，在互利互惠的基础上共同整合开发优势资源，共享区域优势影响力和竞争力，促进共同发展。合作内容重点是：加强先进适用技术的研究推广，围绕新能源、新材料、煤化工、装备制造、生物医药、现代农业、节能环保等优势特色产业和高新技术产业，举办技术、人才、项目推介活动，共同实施重大科技成果转化项目；加快科技成果转化基地建设，通过制定政府采购、金融、人才引进等方面优惠政策，积极引导和支持北京科技园区和高新技术企业进驻宁东能源化工基地、银川高新技术产业开发区、石嘴山高新技术产业园区、银川科技园等园区建设科研成果转化和中试基地；加强产学研用合作，围绕培育发展战略性新兴产业，支持两地高校、科研院所、宁夏工业园区与中关村科技园区、宁夏农业科技示范园与国家现代农业科技城、企业之间建立产学研用合作关系，联合开展重点科技攻关，提升宁夏产业竞争力；推动科技中介机构合作，强化科技中介机构服务功能，支持两地技术转移机构、行业协会开展合作，不定期举办两地企业及产品推介会，搭建技术交流展示平台；强化科技金融结合，整合双方有关政策、资金、项目、信息等资源，建设科技金融合作平台，积极引导金融机构加大对双方开展合作的科技型中小企业的信贷支持，缓解宁夏科技型中小企业融资难题；加强人才交流培养，鼓励两地高校、科研机构、工业园区通过互派科技管理干部挂职、培训、互设分支机构或研究基地等方式，积极开展科技人才交流合作，推进技术研究和推广。合作方式包括：成立由双方有关领导、部门组成的科技合作联席会议，定期或不定期召开座谈会，协调解决双方科技合作中的重大问题。宁夏科技厅和北京市科委分别作为联络单位，负责双方合作的日常工作，推动、落实具体合作事宜；宁夏回族自治区设立宁夏与北京科技合作专项资金，专项支持北京高等院校、科研机构、中关村科技园区、企业等科技成果在宁夏的转移转化和产业化等。

从协议签署的主体看，双方缔约协议具有选择的自主性和内容协商的自由性，双方政府都是各自特定行政区域内的最高公共事务和行政管理机构，地位平等且无任何隶属关系。因此这类协议在实施过程中完成的效率相对更高，双方意思自治充分表达的程度远高于具有行政隶属关系政府间协议的意思真实性。例如以上协议的主体，依据双方的法律地位及承担的法定职能，北京市政府负责北京市区域管辖的公共事务与公共服务，宁夏回族自治区政府负责宁夏回族自治区区域内管辖的公共事务与公共服务，双方在行政管辖权上没有任何交集，除北京市政府作为市场主体或以行政相对人身份在宁夏从事有关业务，或宁夏回族自治区政府作为市场主体或以行政相对人身份在北京从事相关业务之外，双方不会发生任何行政法律关系。那为什么北京市政府和宁夏回族自治区政府会签署科技合作协议呢？在法律意义上，双方作为公共权力的代表主体，签署的协议又是为了双方的公共利益而非私人利益，应属于公法范畴，但是再进一步考察双方的行政理念和工作目标，北京市政府提出"首都资源、辐射全国"的科技发展目标，宁夏回族自治区发展的一项任务是引进高新技术产业，接受技术转移。因此，这就涉及双方的利益交换，而只有在私法领域才有"利益交换"的可能。从这样的角度看，双方在共同推动科技合作的过程中特别是在选择技术合作的领域和项目上，都有着各自利益的充分考量，完全体现了"互利共赢，对等有偿"的私法思想。北京市希望将自己的一些相对落后而对于广大民族地区来说是先进的科技资源优势通过转移到民族地区，发挥技术级差优势，①在此基础上实现经济利益和社会效益。而宁夏回族自治区政府希望通过科技合作，引进适合本地经济发展的科学技术，不断缩小同技术发达地区的技术级差，为完成中央提出的全国同步实现小康社会打下坚持基础。由此可见，地方政府间合作协议的最大特点是基于私法核心思想支撑的公法契约，而中央政府职能部门与地方政府合作协议更多体现的是基于公法思想支撑的行政契约。

从协议的形式上看，地方间政府协议符合抽象行政行为法律规范文件的范畴。区域政府间合作协议作为公法契约的一种，支援方和受援方政府按照国家号召和区域协调发展的共同愿望，自愿决定双方科技合作的内容、形式、周期和预期目标。但是我们进一步考察协议的内容，可以发现有关条款不仅涉及政府行政权力的延伸和公权力的行使，如协议的内容"整合双方有关政策、资金、项目、信息等资源，建设科技金融合作平台，积极引导金融机构加大对双方开展合作的科技型中小企业的信贷支持，缓解宁夏科技型中小企业融资难题"；同时也有针对双方行政区域内行政相对人的具体行为导向，如协议中规定"鼓励两地高校、科研机构、工业园区通过互派科技管理干部挂职、培训、互设分支机构或研究基地等方式，积极开展科技人才交

---

① 技术级差是指不同国家或地区之间由于技术发展程度不同，而出现的技术差距。一般而言，技术落后地区希望通过引进技术先进地区的优势技术来缩小技术级差。

流合作，推进技术研究和推广"。以上两方面内容反映出协议既具有针对政府行为的内部效果，又有针对企业等市场主体的外部效果。因此，很多学者认为，从性质上来说专门性的行政协议应该是法律规范性文件，属于抽象行政行为的范畴。例如叶必丰教授在研究区域经济一体化背景下的行政协议法律属性时就提出"要把行政协议作为规范性文件来对待,[①] 因为区域合作协议是不同行政区划的地方政府之间为促进本地经济的繁荣与发展，就各自行政职权范围内的合作事宜所订立的各种协议形式的总称"。类似，笔者也认同此观点，科技对口支援实施的支援方和受援方缔约的科技合作协议在性质上具备了抽象行政行为，属于规范性法律文件。因为北京市政府和宁夏回族自治区政府在科技合作协议中不是市场行为的主体，而是行政管理的主体。双方缔约科技合作协议后，各自按照协议的条款约定，在法律框架内行使相应的科技领域行政管理职权过程中，该协议对科技资源的管理和高新技术产业的约定可以反复适用于双方区域内的参与主体和有关科技行为，而非一次性适用于某一特定企业或特定事项，这正与抽象行政行为的典型特征相吻合。因为抽象行政行为强调以不特定的人或事为管理对象，制定具有普遍约束力的规范性文件。

从协议的功能上看，地方之间政府签署的科技合作协议功能与软法功能具有相似性。所谓软法（soft law），是指那些不运用国家强制力保证实施的法规范。软法是相对于硬法（hard law）而言的，后者是指那些能够依靠国家强制力保证实施的法规范。"大致说来，我国软法规范主要有四类形态：一是国家立法中的指导性、号召性、激励性、宣示性等非强制性规范，在现行法律体系中，此类规范约占1/5；二是国家机关制定的规范

---

① 叶必丰：《我国区域经济一体化背景下的行政协议》，《法学研究》2006 年第 2 期，第 23—26 页。

性文件中的法规范，它们通常属于不能运用国家强制力保证实施的非强制性规范；三是政治组织创制的各种自律规范；四是社会共同体创制的各类自治规范。"① 同样，在国际法中，软法虽不具有法律约束力，但其仍然对国际关系并且最终对国家法具有一定的影响，许多软法主要的协定可以作为未来具有法律约束力的协定的基础。例如，《世界人权宣言》是软法性的宣言，而《经济、社会与文化权利国际公约》和《公民权利与政治权利国际公约》都是从中产生的。② 而北京市政府与宁夏回族自治区政府签署的科技合作协议是在双方高度意思自治的前提下形成的，条款中也并未涉及强制力保障实施的内容，更多是希望通过规范科技合作的内容和形式，更好地保护双方在科技合作中的整体利益，内容具有指导性、号召性、激励性、宣示性的特征，没有政府过度干预市场主体经济行为的内容，也不涉及具体的科技项目内容和投资金额。总之，这样的协议既是遵循科技、经济与市场的客观规律，又体现真正依照"政府推动、市场配置、企业运作"的模式来推动跨地区之间的科技资源流动和项目合作，充分发挥市场机制在区域经济发展中资源配置的基础性作用。在执行协议过程中，政府主要是营造完善的科技创新环境和企业发展环境，科学规划好区域内产业发展的方向和结构。特别需要注意的是，我们必须清楚地认识到支援方和受援方政府签署的协议内容最终还是指向企业、科研单位等行政相对人的，因此必须确立公开原则，在协议履行过程中充分保障行政相对人的知情权，同时要发挥行政相对人、社

---

① 罗豪才、宋功德：《软法亦法》，法律出版社 2009 年版，第 10—16 页。

② Tadeusz Gruchalla-Wesierski 认为国际法领域中的软法的效力包括直接法律效力，证明合格效力、解释性效力和政治效力。参见 Tadeusz Gruchalla-Wesierski，" A Framework for Understanding ' Soft Law '"，in *McGill Law Review*，Vol. 30，p. 39。

会和媒体对政府行为的监督约束作用。

三　地方政府间扶贫协作协议实施过程中存在的问题

为确保扶贫协作和对口支援工作的持续性、科学性、有效性，地方政府间签署协议的形成、实施需要较为成熟和稳定的协商机制（如联席会议、工作组等形式）、缔结程序、执行监督机制和争议解决机制等来给予保障。然而，笔者在考察中央机关与欠发达地区政府、发达地区政府与欠发达地区政府签订的扶贫协作协议中，很难看到相应的内容，或有相应的辅助性程序和机构给予协议法律地位的保障和执行协议的约束。因此，这些协议在形成和实施中可能会出现一些问题。

一是协议文本的法律效力问题。笔者在考察和研究一系列政府间对口支援协议文本中，几乎没有看到有立法主体如地方人大常委会参与的法律文本，也很少有协议对其法律效力进行表述。首先，从理论上分析，协议本身的合法性受到质疑；其次也为协议执行过程中任意更改内容或违约提供了可能。而在美国，州际协定的效力优先于成员州之前颁布的法规效力，也优先于之后新制定的法规。① 那么，在我国《宪法》《地方组织法》和《民族区域自治法》中规定地方政府具有一定地方事务管理职权或民族地区的自治权时，暗含着政府主体签署对口支援协议的可行性。但在实践层面，作为国务院组成部门的中央部委如科技部在与民族地区政府签署协议时，作为其执行国家法律或国务院法规的具体措施，应该征得国务院同意或审批，因为行政协议可能改变地方与中央的权利平衡或者可能侵害中

---

① 何渊：《环渤海地区行政协议的法学思考》，《北京交通大学学报》（社会科学版）2008 年第 4 期，第 77 页；See Frederick, Zimmerman L., Mitchell Wendell, *The Law And Use of Interstate Compacts*, Chicago：The Council of State Governments, 1961。

央政府的利益,① 而协议的法律效力必然低于行政法规,如果不征得国务院同意可能存在滥用公权或不平等执行法律法规的嫌疑。而发达地区政府与欠发达地区政府签署的扶贫协作协议,由于可能涉及发达地区公共利益密切相关的财政转移支付或一些重大科技项目转移,笔者认为协议的签署需要经过支援方的同一级人民代表大会或常委会的审议,不能由同级政府作为协议的执行者来起草和决定。同样,欠发达地区政府在商议对口援助内容、项目、资金以及可能存在环境污染等重大事项以及协议内容生效前,也须报请同一级人民代表大会及其常委会表决或同意,并且应该就法律协议的效力时效（时间）进行规定。只有这样,相关对口支援主体签署协议的法律效力才具有确定性、约束性和引导性。

二是扶贫协作协议形成过程中的程序及规则问题。2000 年,我国颁布了立法法,对规范立法活动,健全国家立法制度意义重大。但是,该法更多体现的是国家法律、行政法规、地方性法规、自治条例和单行条例、规章等的权限配置问题,而对诸如行政协议的程序、过程以及立法机构的要求等多是内部规定规制或还处在空白状态,这就导致扶贫协作协议形成的随意性增强,而约束性相对较弱,可能引起一些对口支援条款形式上偏向欠发达地区的整体利益和少数民族群众的切身利益,而执行和实现过程中更多偏向个人利益,有时可能增加协议执行的时间成本和运行成本。具体可能遇到以下几种情形：（1）让渡支援方或受援方的真实意愿。例如在决定某项对口支援支持措施时,支援方或受援方的决策者可能存在投票交易行为,即为在个人利益上间接获得最大收益,在协议内容中不真实显示个人的想法或公共利益目标,而是考虑中央政策精神、上级领导

---

① 何渊:《环渤海地区行政协议的法学思考》,《北京交通大学学报》（社会科学版）2008 年第 4 期,第 77 页。

和他人以及社会舆论的兴趣偏好后权衡最大利益而提出自己的意见或建议。（2）从众心理影响。由于大多数决策者都存在不同的知识偏好和关注热点，当讨论和表决多项对口支援内容时，有的决策者往往只对自己偏好或熟悉的协议草案内容发表合理意见和建议，而对自己不熟悉或无偏好的协议内容，则顺从大多数人的意见进行投票，这样的结果可能导致协议的总体价值偏离社会公共利益。（3）缺少充分的"辩论"环节。现实中，我国在立法机构表决法律时，反对票所占比重偏少，这并不能代表绝大多数投票者同意或赞成法律的所有内容，而可能是现行制度没有激励代表或委员去全面深入思考法律条款的社会正面效应和负面效应，故很难在决策环节充分表现出辩论场面。这在协议形成过程中也同样存在，一定程度上影响了协议内容的科学性。因此，笔者认为，协议的形成过程中不仅要在程序和形式上尽可能公开，而且要从投票人及其背后的利益集团层面着手分析，研究确保扶贫协作整体利益最大化的各参与主体信息充分沟通、意愿自治，同时限制利益集团或个人的单方行为。

三是扶贫协作协议执行过程中存在的信息问题。协议的本身质量好坏以及能否较好地得到贯彻执行，在某种程度上受限于对口支援主体双方信息获取量的大小以及信息渠道是否畅通等问题。相对多元的信息渠道和数量可以保障协议内容的适当超前性，当协议在执行过程中出现各类问题或纠纷时，也有章可循。但在现实的扶贫协作协议执行过程中经常存在信息不足、信息不对称以及信息错误等影响协议法律效力的现实障碍。如信息总量的问题，在市场经济条件下，因为科技发展引发的利益主体之间的社会关系相对烦琐，信息流已经由传统的单向流动和线性流动变成了在企业、大学、研究机构以及高科技人才之间的网络式信息流，因此很多法律条款决策出现失误可能是因为信息收集不充分导致的。此外，信息特别是科技信息在一

定程度上属于公共产品范畴，公共产品的竞争性往往导致信息
总量不足。另外，扶贫协作协议执行过程中产生的法律关系与
一些落后地区或少数民族习惯法产生的冲突也可认定为是信息
问题。现代科技很多源于西方发达国家，因此由于科技投入、
产出、知识产权而产生的特殊法律关系和法律制度引进到中国
后，必然会与本土的法律理念和法律制度发生冲突，这直接引
发一个法律制度安排的效率问题。例如，"缅甸政府曾经派遣一
些人去以色列庄园接受现代农业实践训练，一年后，缅甸人得
出一个结论：以色列这种集体主义极端形式对他们来说是不能
接受的，因为它需要那么多的公共精神和自我约束，而缅甸人
在这些方面都非常缺乏"①。还有，扶贫协作过程涉及了很多技
术标准、创新成果权利认定与转移、高技术产业的融资等专业
信息问题，如果立法者、执法者缺乏足够的专业精神和专业知
识，很容易处于信息不对称的不利位置。以落后地区政府如何
干预知识产权保护的现实问题为例，如果落后地区（处于技术
劣势的一方）参考科技对口支援方（处于技术优势的一方）的
管理方式，必然是加强知识产权保护，防止专利权发明权的任
意转移和转让。但这对科技落后的地区而言，会大大增加自主
技术发明的成本和周期，制约一些科技创新成果的引进和应用，
不仅不利于欠发达地区科技事业的发展，还会增加欠发达地区
发展高新技术产业的成本。所以，在某种程度上，政府如何利
用行政协议促进落后地区发展本地区的科学研究事业和高新技
术产业，是一个非常系统和复杂的制度构建过程。

四是扶贫协议执行过程中可能存在的政府寻租问题。政府
寻租也是政府干预和调控科技对口支援过程中不得不考虑的一

---

① ［美］R. 科斯、A. 阿尔钦、D. 诺斯等：《财产权利与制度变
迁——产权学派与新制度学派译文集》，刘守英等译，上海三联书店、上
海人民出版社 1994 年版，第 385 页。

个重要问题。如果对口支援过程中政府过度干预经济发展和科技资源配置，必然导致寻租行为的大量发生。"研究表明，在美国，政治家来自企业的竞选经费与企业获得的承包额（政府购买服务和投资项目）之间具有强相关性。"① 尤其在经济发展处于不同阶段的地区间进行科技合作，国家科技管理部门对完成党中央政治任务的最大诉求，支援方政府在转移相对落后产能和技术的利益驱动，受援方地区对大力发展经济、增加 GDP 的迫切愿望，以及参与科技对口支援企业追求占领西部地区市场和科研人员通过西部地区援助工作丰富自身履历等交织在一起，在制度决策者缺乏完全信息和活力的条件下，特殊利益集团可能会直接操纵法律制度的内容设计，从而使得公共利益选择面临失灵的困境。这样，寻租者可能在政府调控和执行协议的掩盖下，导致资源配置效率低下以及科技发展违背协议制定时的目标和初衷，最为严重的后果是政府被绑架后面临人民群众的信任危机。因此，在扶贫协作协议涉及政府调控、干预科技对口支援的具体内容时必须广泛征求各利益群体的意见和建议，同时要设定相应组织机构和程序机制，防止政府在调控的过程中被"绑架"。

　　总之，由于行政协议具有公法和私法的双重属性，在形成、执行和解决争议的过程中，各利益主体必然会通过持续的冲突、博弈，使得法律制度、行政协议处于动态的利益平衡状态。而对口支援相关法律和行政协议，作为促进欠发达地区发展经济社会事业、构建区域技术创新体系的重要手段，其更多依赖人为的顶层制度设计，必须将目标群体利益、经济社会发展规律、近期和远期目标实现等综合因素全面体现在法律制定、完善的过程中。

---

① 贺卫：《寻租经济学》，中国发展出版社 1999 年版，第 145 页。

本章小结

扶贫开发是一项系统工程，涉及诸多的制度安排、责任细化、任务分解和资金分配管理等。顶层设计要靠人去落实，基层任务同样要靠人去完成。坚持"真扶贫、扶真贫，精准扶、扶精准，重点扶、扶重点，整体扶、扶整体，长远扶、扶长远"的工作方针，运用科学有序程序将精准识别、精准帮扶、精准管理、精准考核有机结合，健全脱贫攻坚政策支撑体系与动力机制，加强党对脱贫攻坚的领导以及群众的监督职能。广泛动员全社会力量参与，大力营造大扶贫的良好氛围，真正全面推进扶贫开发。

为政之道，贵在落实。在中共中央、国务院关于打赢脱贫攻坚战的战略部署下，国家有关部委扩充、完善扶贫开发体系的策略机制，以及对新疆维吾尔自治区扶贫治理的探索与实践，充分体现了主动性的制度创新与政策突破，加入了更加多元化的客观现实，为精准扶贫的顺利推进提供了必不可少的制度和政策保障。

第三章 精准扶贫的经验借鉴

由于历史、自然等原因，我国地区之间和地区内部的经济发展、教育资源、技术水平等方面都存在较大差距，特别是贫困地区的生产力发展十分缓慢。采取积极扶持措施，帮助贫困地区和贫困户致富，加快贫困地区的经济发展，对加强社会安定团结，加速社会主义建设，正确处理民族关系，发扬革命传统，巩固国防都有重要的作用。自 1986 年第一次大规模扶贫开发政策调整以来，广大贫困地区在脱贫实践中积极探索，寻找和创新出许多模式和经验，使得扶贫战略思想内容得以丰富，扶贫事业发展不断深入。

第一节 政府引导型

政府职能模式是在亚洲新兴工业化国家及地区追赶西方发达国家、实现经济高速发展过程中出现的一种新型的政府职能模式，这一职能模式既能保证社会的相对独立与自主，又能较好地发挥政府作为社会总体利益代表者的作用，对社会经济生活进行协调和控制。[①] 精准扶贫战略从提出到落实，都是各级政府对扶贫开发工作进行指导，体现了政府在扶贫开发中的引导

---

① 张康之、郑家昊：《论政府职能模式》，《阅江学刊》2010 年第 3 期，第 5—12 页。

型功能。精准扶贫就是引导型政府职能模式引导社会发展的一种积极实践。

对于我国具有高度复杂性、差异性的致贫原因，引导型职能在应对社会复杂性方面具有行动主动性、战略规划性、智慧监管性和灵活适应性等属性。[①] 从精准扶贫思想提出以来，党中央和国务院制定了多项制度政策及战略规划，为脱贫攻坚提供了指导性意见。

政府引导性资金投向变化如表 3-1 所示：

表 3-1　　　　　　　　　政府引导性资金投向变化

资金类型	精准扶贫实施以前	精准扶贫实施以后
以工代赈资金	重点用于修建县、乡公路，新修农田水利，解决人畜饮水问题等	改善群众生产、生活条件和生态环境，适当用于易地搬迁移民村基础设施建设
财政转移支付	发展多种经营，普及义务教育和扫除文盲，防治地方病	重点用于科技扶贫、教育扶贫、医疗、卫生、文化、事业扶贫
信贷扶持资金	重点支持直接解决农村贫困人口温饱的种植业、养殖业和农副产品加工业等效益好、还贷能力强的项目	重点支持能够带动贫困人口增加收入的农产品加工业、市场流通企业和劳动密集型产业

一　"宁德模式"的成功实践

福建宁德俗称闽东，位于长江三角洲、珠江三角洲和台湾省三大经济区的中间位置。既是革命老区，又属少数民族地区、边远山区、海岛地区，由于地理和海防前线等原因，宁德经济发展起步较晚，曾是全国 18 个集中连片贫困地区之一，被称为中国黄金海岸线上的"经济断裂带"。

自 20 世纪 80 年代以来，宁德市历届党委政府坚定不移地开

---

① 郑家昊：《政府引导社会管理：复杂性条件下的社会治理》，《中国人民大学学报》2014 年第 2 期，第 14—21 页。

展扶贫事业。30 多年来，宁德扶贫之路经历了艰辛的探索，取得了显著成效。2015 年完成 3 万余人脱贫，全市贫困人口从 77.5 万降至 14.5 万，贫困率从 30% 降至 4.26%。1984 年，宁德市赤溪村的贫困状况见报后，全国 20 多个省市纷纷伸出援手，送来粮、油、种子、现金、衣物等物资，试图帮助他们解决贫困问题。但"输血"式扶贫历经 10 年，赤溪村民依然在贫困边缘徘徊，收效甚微。穷则思变，对于如何摆脱贫困，当时的宁德却有着不同的声音。其中一种是寄希望于国家能给宁德多批几个大项目，一下子就抱上个"金娃娃"。[①] 1988 年 7 月，习近平任职宁德地委书记，上任之初，就用了三个月走遍闽东 9 县展开调研，并走访相邻的浙南 3 县。面对宁德的贫困落后面貌，他不是脱离实际、一味追求跨越式发展，而是强调同贫困做斗争是一项长期的历史任务。制定"扶持特困、巩固温饱、开发致富、增强后劲"的脱贫致富工作方针，统一干部群众思想，避免在经济社会发展思路上走进"欲速则不达"的误区。[②] 20 年来，共约 350 户赤溪村民搬迁至地势平坦的长安新街，大大增进了与外界的沟通。同时派驻驻村工作队，引导和协助村民脱贫。2014 年，赤溪村民人均可支配收入达 11674 元。

习近平在宁德工作期间的"摆脱贫困"工作思路，提出了以经济建设为核心，"弱鸟先飞""滴水穿石""四下基层"等一系列富有创见意义的扶贫开发工作方法，是"宁德模式"的理论基础，为其注入了"灵魂"。创新提出"六到户、六到村、四到县"的"六六四"精准扶贫工作机制，是习近平总书记精准扶贫重要思想与新时期下宁德扶贫开发工作的探索和实践的有机结合，是"宁德模式"的核心所在。

---

① 刘明德：《精准扶贫的"宁德模式"》，《决策》2016 年第 1 期，第 64—65 页。

② 摘自宁德网政务频道的宁德网闻（http://www.ndwww.cn/zw/ndww/2016/0921/29533.shtml）。

2015 年习近平总书记在中央扶贫开发工作会议上的讲话强调，首先解决好"扶持谁"的问题，确保扶贫对象是真正的贫困人口，确定群众的贫困程度、致贫原因等，以便做到因户施策、因人施策。要解决好"谁来扶"的问题，加快形成中央统筹、省（自治区、直辖市）负总责、市（地）县抓落实的扶贫开发工作机制，做到分工明确、责任清晰、任务到人、考核到位。"六六四"工作机制实行"领导包村、干部包户、龙头带动"，形成了"党政主导、各方参与"的扶贫工作体系，领导干部挂县（乡）包村，一般干部驻村蹲点，同时积极发动社会力量和市场要素参与扶贫，不脱贫不脱钩，形成了任务有人领、责任有人扛、工作有人做、成果可验收的扶贫工作格局。①

解决"怎么扶"的问题是精准扶贫的根本举措，通过外力扶持切实增强贫困人口内在的自我发展能力。"六六四"工作机制明确了社会保障政策予以兜底，通过移民搬迁、加强基础设施建设来改善外在发展条件，以财政资金扶持加大"输血"力度，并通过能力培养、扶持集体经济发展、农业龙头企业结对帮扶等增强"造血"功能，区别、分析贫困户致贫原因差异，确保精准化贯穿于项目安排、资金使用以及各扶贫环节的工作中。对精准扶贫各环节进行动态管理，是检验扶贫成效的基础。"六六四"工作机制建立了以"两不愁、三保障"为标准的精准考核配套管理制度。

宁德市加快千亩设施农业、山地农业开发、农业龙头企业、小城镇和美丽乡村"五位一体"建设，坚持用工业化理念引领山地农业、林下经济等特色现代农业发展的能力，大力推进茶叶、食用菌、水产、果蔬、林竹等特色农产品标准化工作，在全市形成 11 个千亩高优农业示范园、234 个现代山地农业开发

---

① 国家行政学院编写组：《中国精准脱贫攻坚十讲》，人民出版社2016 年版，第 171—172 页。

示范点、303 家市级以上农业产业化龙头企业、5000 多个农民专业合作社，覆盖 90% 以上的农业人口增收；① 大力推进工业转型升级，引进、学习新技术，融科技发展于经济建设之中，使电机、食品加工等本土传统产业焕发新的光彩，调动群众的积极性，引导农村富余劳动力转移就业。宁德市具备独特的生态环境、民族风情等优秀旅游资源，将乡村旅游与观光旅游、休闲旅游、民俗旅游、度假旅游有机结合。九都镇溪边村因位置偏僻、交通落后而长期得不到发展，2013 年随着旅游公路的建设开通，溪边村牢牢把握发展契机，通过打造"山野镜湖·板桥人家"农家休闲旅游项目，并与处在旅游热度上升期的闽东苏区红色旅游和支提山佛教朝圣旅游有机衔接，溪边村贫穷落后的面貌得到了改善。

二　"宁德模式"的启示

坚持政府主导和部门支持。宁德市党委、政府切实担负起辖区内扶贫开发工作责任，把扶贫开发纳入经济社会发展全局统筹规划，实行扶贫开发目标责任制和考核评价制度，包村挂点；各部门在各自职能范围内配置资源尽可能向贫困地区倾斜，深入基层，紧密联系"老少边贫"的建档立卡贫困户，并派驻党员干部驻村任职，因户制宜，精准施策。

加大培育扶贫动力，"志智双扶"，帮助贫困群众树立起摆脱困境的斗志和底气，各级干部领导和群众都要努力锻造脱贫攻坚的不屈意志。培育和派驻"一心为民、干在实处"的干部，在和村户的来往中展现自身的工作态度和工作作风，潜移默化地引导群众树立自力更生、艰苦奋斗的观念，进一步增强贫困群众增收的内在活力、内生动力，以及脱贫致富的信心和决心。

---

① 邱树添、缪洪通：《滴水穿石春潮涌——福建省宁德市扶贫开发工作纪实》，《中国扶贫》2015 年第 19 期。

推进扶贫开发，不仅是党委政府的职责所在，也是全社会的共同责任。宁德在坚持党委政府引导的同时，充分发挥群众主体作用，广泛动员社会力量参与，营造积极良好的脱贫氛围。群团组织积极发挥作用，开展形式多样的扶贫活动；龙头企业、企业家及慈善家等采取认领式做法开展扶贫济困活动，进行村企共建、产业联动；贫困地区群众自力更生，积极发展生产，形成了全民参与、协同推进的扶贫开发工作格局。①

第二节　市场开发型

在新的扶贫攻坚时期，市场在扶贫开发中发挥出越来越大的作用。明确经济属性，瞄准市场需求，推动自主创新，形成一个有效的、开放的社会化扶贫机制。正如学者陶传进分析认为：“实际上最贫困无助的人，都有一定的资源，可以成功地进入市场，只是他们的资源本身不足以进入市场。就好比，他们只有进入市场的半张门票，这时，就需要外界的资源与能力，补足另外半张票。”②

一　湖北“千企帮千村”凸显市场活力

民营企业与市场联系紧密，最大的特点就是其经营活动完全以市场为导向，将资本投向边际生产率高的产业，并向市场需要的产品转移。除此以外，它还具有较强的灵活性、自主性、竞争性和适应性，多元化的管理能够使其随市场要求即时做出合理的调整甚至革新。民营企业的体制创新对公有制企业产生了体制示范效应，高效生产模式改变了长期困扰我国的短缺格

---

① 李培林、魏后凯：《中国扶贫开发报告（2016）》，社会科学文献出版社 2016 年版，第 302 页。

② 摘自经济观察网区域新闻的社会版块（http：//www. eeo. com. cn/2014/1021/267617. shtml）。

局，快速发展创造了大量的就业机会和国家税收，为我国的改革和发展做出了巨大的贡献。①

继续发挥国有企业的担当精神，倡导民营企业充分发挥市场机制实施开发式扶贫。为深入落实中央和省委关于精准扶贫战略工作，全省工商联系统组织广大民营企业开展"千企帮千村、脱贫奔小康"精准扶贫、精准脱贫行动，发挥市场主体在扶贫开发中的积极能动作用，优化市场要素配置，支持和引导市场主体到贫困地区投资兴业，激发贫困地区的发展潜能，着力把"千企帮千村"打造成扶贫战略行动的品牌模式。

2012 年，湖北省出台了《关于实施"千企帮千村"扶贫工程的意见》，鼓励和动员国有、民营企业履行社会责任，在自身优势的基础上，按照整村推进帮扶发展规划，集聚辖区各类企业和各种社会力量优势，努力探寻、创造符合贫困村和企业自身特点的共赢方式，帮助贫困村脱贫致富。各市、州、县均相应成立领导小组，为全省"千企帮千村"行动提供组织保障。以"以企带村，以村促企，双向联动，互利共赢"的总体思路，深入推进"村企联建"，调整产业结构，培植主导产业，促进贫困村户收入持续稳定增长，摆脱贫困。2013 年至 2016 年，全省企业帮扶贫困村投入资金共计 7.88 亿元，帮扶培训贫困劳动力 137040 人次，建各类特色产业基地 161.6 万亩，参与贫困村社会事业投入资金 3093 万元，促进了贫困村经济社会快速发展。②

二　"千企帮千村"的主要内容

"千企帮千村"行动以民营企业和商会为主要帮扶方，以"村企签约共建"为主要模式，精准施策，通过合作形式对建档

---

① 牛玉军：《论我国民营企业的类型和特点》，《现代商贸工业》2007 年第 12 期，第 87—88 页。

② 摘自湖北省扶贫办 2016 年第一期《减贫与发展研究》（http：//www. hbfp. gov. cn/jpyfzxj/2016ndyj/26184. htm）。

立卡贫困村户大力开展扶贫。民营企业参与"千企帮千村"行动，优势在于极大激发贫困户脱贫致富内生动力。省工商联提出并展开九大扶贫工程——龙头企业带动工程、专业合作组织帮扶工程、创业就业促进工程、金融扶贫创新工程、"互联网 + 扶贫"工程、"光彩能人"引领工程、"光彩助力"公益行动、"光彩圆梦"公益行动和"楚商回归"扶贫行动，指导民营企业根据行业特点、市场趋势和帮扶能力，选择适合的帮扶方式，因企制宜，因村制宜，提高扶贫的精准化程度。政府部门积极主动为企业提供全面具体的扶贫对象基本情况，帮助企业找准双方的"共振点"，将自身的资本、技术、管理、人才等优势与贫困村的土地、劳动力、生态、文化等特色资源有机结合，实现利益最大化的共赢。

湖北省有建档立卡贫困村 4821 个，贫困人口 590 万人，"千企帮千村"行动确定了省统筹 1000 家民营企业和商会，结合当地实际结对帮扶 1000 个建档立卡贫困村，逐步覆盖至全省的规模。① 为了更好地强化精准施策的成效，湖北省全面启用网上台账管理系统，扶贫办提供政策指导、政策服务和政策支持，跟踪、统计企业和商会的投入情况、扶贫方式、帮扶进度、扶贫成效，实时掌握全省企业结对帮扶情况，解决帮扶过程中遇到的一系列问题。在企业由于自身经营问题无法完成任务时，及时协调新的企业接力帮扶。

把企业在精准扶贫行动中实现转型升级与贫困地区的产业发展相结合，按照市场规律，推动特色产业、支柱产业发展。采取多样化形式参与扶贫，通过企业领头、主导产业带动、商会集中帮扶、能人帮扶等模式，促进特色生态旅游业、特色种植业、养殖业及其加工业的发展，提高生产力，提升附加值，

---

① 摘自湖北扶贫办政务动态的扶贫要闻，2016 年 10 月 11 日（http://www. hbfp. gov. cn/zwdt/fpyw/28627. htm）。

带动贫困村户脱贫增收，进而实现脱贫不返贫。

通过企业领头、大户示范，提高农业生产的集约化、标准化、市场化水平，支持大户组建专业合作社，加快培育新型农业经营主体，带动一批贫困户参与生产，以保护价收购其产品。恩施鹤峰走马镇鑫农公司通过对茶叶加工厂、专业合作社和大户的扶持，带领村民分片联办基地等方式，农民变职工、股民，规模为 67 户 338 人的木耳山茶叶专业合作社，人均年收入突破万元，于 2016 年底实现了全部脱贫。

各级工商联积极引导发挥民营企业的优势，针对贫困地区的扶贫需求，创新产业带动模式。省工商联将大别山、武陵山、秦巴山三个集中连片特殊困难地区作为重点予以扶持，打造统一战线精准扶贫示范点。通过民营企业、商会等代表到长阳、罗田、蕲春、红安等贫困县进行实地调研考察，企业家与贫困户通过直接的交流，进而发现、挖掘问题并共同探讨帮扶工作思路和方法。湖北的恩施富硒茶、罗田黑山羊、蕲春中药材、潜江小龙虾、长阳高山蔬菜等是当地主导产业，需要企业深化农业供给侧改革，产出符合市场需求的茶、药、花等。比如在罗田县，湖北名羊农业科技发展有限公司通过养殖产业带动经济，利用当地适合饲养黑山羊的优势，探索形成"政府＋金融＋保险＋企业＋农户"的"五位一体"产业扶贫模式，并推出了一批精准金融扶贫的有效做法。

推进商会集中帮扶模式。上海市湖北襄阳商会开展回归工程，引导鼓励在沪的鄂襄企业家回归湖北通过投资等方式参与扶贫，发动社会力量，为扶贫事业注入新鲜血液。2015 年 10 月商会成功组织"精准扶贫襄阳行"活动，共向地处鄂西北的襄阳南漳、谷城和保康三个贫困县捐赠了价值 650 万元的款物，结对资助 10 名贫困生。此外，商会还将提供 1 亿元的项目贷款，主要用于基础设施建设和特色产业发展。

开展能人帮扶模式。由一批具备扶贫精神的企业家担任或兼任贫困村党支部书记，将先进理念融入扶贫战略。如湖北通路汽车零部件股份有限公司董事长王涛担任十堰市张湾区花园村党支部第一书记，走访每家贫困户，在充分了解其家庭情况的基础上建设集茶叶、休闲、旅游、观光于一体的近郊生态农业观光旅游新村，设立村民救助基金，全部用来帮扶弱势群体。①

"千企帮千村"行动除以上模式外，还积极发挥银行、保险机构的作用，开发更多类别的信贷产品，有效防范风险。黄冈市银行对参与"千企帮千村"行动的企业，逐户建立金融精准扶贫档案，明确主办行和对接金融机构，创新推出"羊羊得益扶贫贷""生生不息流量贷""绿水青山兴游贷"等信贷产品，累计发放贷款127.2亿元。农行投放黑山羊产业扶贫贷款近4亿元，扶持市场主体带动贫困户1.5万个。黄冈市有5家保险公司参与了政策性农业保险、扶贫小额信贷保险，有效分担了产业扶贫和金融扶贫风险。②

三 湖北市场化产业扶贫的启示

用"市场需求"精准抉择扶贫产业项目，有效打破了计划帮扶产业扶贫存在"盲目跟从"的缺陷。区分"计划"与"市场"的根本差异，结合市场实际需求、竞争与激励机制，推行"市场配置产业扶贫"改革试点，探索出一条用市场机制配置扶贫产业资源的新道路。2010年左右，湖北大别山跟风选了热门的小尾寒羊，却因为南方气温偏高，导致水土不服大范围病死，扶贫不成反而损失惨重。湖北名羊农业科技发展有限公司通过市场考察，对市场需求前景进行预测分析，测评罗田县的土壤、

---

① 摘自《湖北日报》2016年10月12日（http：//news. hbtv. com. cn/p/311095. html）。

② 摘自中国中央人民政府网新闻（http：//www. gov. cn/xinwen/2016 - 11/28/content_ 5138799. htm）。

气候、湿度等自然条件，对比土地、劳力资源优势，最终确定黑山羊为适合当地培育的品种，其健康与发育状况良好，有不错的价格和市场竞争力。"市场配置产业扶贫"取得了良好的成效。该公司在罗田经济开发区征地 130 余亩，预计投资 1.1 亿元建设"育肥—宰杀—加工生产"的牛羊肉类食品加工项目产业链。项目一期年屠宰加工山羊 30 万只、肉牛 10 万头，产值可达 10 亿元。另外，该公司遵照品质检验规程精细分割，将肝、胆、肾、蹄、皮毛和角充分利用，生产羊毛垫（毯）、牛羊角梳、角质饰品等工艺制品，丰富大别山区旅游产品，获得更高的经济效益。

用"市场竞争"精准选择扶贫合作企业。湖北各地依托产业特色，以"你发财、我发家，你赢利、我致富"的互利共赢模式，招商引资合作企业。罗田县政府选择了与湖北名羊农业科技发展有限公司合作，在结对帮扶模式的基础上，提出了黑山羊产业精准扶贫"33111 工程"，即县政府出台政策，利用 3 年时间，向适合养羊的贫困户平均每户一次性提供 3 万元担保贴息贷款和 1 万元扶贫资金，保险机构对贫困农户的能繁母羊实行全额保险，公司暨合作社提供系列化指导和服务，支持 1 万户贫困户通过发展黑山羊产业，实现年人均收入过 1 万元。①成功实现了贫困农户与龙头企业"市场合作"发展扶贫产业。

广泛宣传民营企业助力脱贫攻坚的有效经验及重大意义，让更多的社会力量关注和参与扶贫事业。宜昌长阳、黄冈英山等地借助舆论平台，推广地方产业，提升产品品牌知名度。此外，湖北省在全国脱贫攻坚奖、全省扶贫开发先进等表彰活动中，推荐了凯迪生态等一批参与行动的企业和代表人士，获得

① 摘自《湖北日报》"黄冈开展'千企帮千村'行动'五位一体'模式精准扶贫"（http：//www.hubei.gov.cn/zwgk/szsmlm/shzqb/201610/t20161012_904650.shtml）。

湖北省委、省政府扶贫开发先进表彰，激励更多民营企业参与到"千企帮千村"行动中来。① 推行和创新特色鲜明、行之有效的帮扶模式，让贫困户直接受益，并且发挥就业主渠道作用，开展实用技能培训，提供就业岗位，让贫困户有更多的获得感。

第三节　产业脱贫型

我国多年的扶贫经验证明，产业扶贫是解决生存和发展的根本手段。② 没有产业发展带动，难以实现脱贫；脱贫后缺乏产业支撑，则会导致返贫现象。发挥当地的资源优势，对自然资源合理规划、充分利用，形成规模经济，是帮助贫困户成功脱贫、杜绝返贫的必经之路。通过产业扶持能够实现 3000 万以上的贫困人口脱贫，是打赢脱贫攻坚战的有力保障。

产业领域中，尤其是民族地区广泛存在的，在第一产业中主要是种植业、畜牧业和养殖业，第二产业加工对象主要是特色农产品以及能源矿业，第三产业则以旅游业为主。国家统计局的数据显示，2014 年第一产业在地区生产总值占比最高的前十个省区分别为海南（23.1%）、黑龙江（17.68%）、新疆（15.6%）、云南（15.5%）、广西（15.4%）、贵州（13.79%）、甘肃（13.2%）、四川（12.4%）、河南（11.9%）、河北（11.7%），民族地区过半，由此可见一产在民族地区的经济发展中占据十分重要的地位。

西北地区具有丰富的矿产资源，其中煤炭保有储量达 3009 亿吨，占全国总量的 30% 左右，主要分布在陕西、新疆和宁夏。石油储量为 5.1 亿吨，占全中国陆上总储油量的近 23%，新疆

---

① 摘自中央统战部网站"'千企帮千村'精准扶贫的湖北探索"（http：//www. tuanjiebao. com/2017－09/15/content_ 118874. htm）。

② 白杨林：《产业扶贫要谨防"揠苗助长"》，《学习月刊》2016年第 19 期。

是中国 21 世纪的后备石油基地。天然气储量为 4354 亿立方米，占全国陆上总储气量的 58%，其中陕北的天然气储量居全国前列。① 依靠资源优势，西北已形成从原油开采、输送到提炼加工的较完整石油工业体系，拥有一定规模的大中型油田和炼油厂。但是传统的能源矿业产业结构较为单一，能源需求不够旺盛，因此这些区域的工业增速减缓。西北地区的手工业起步相对较晚、发展较慢，所以占经济总量比重较小，进一步体现了一产的重要性。

西北、西南很多省份的旅游资源非常丰富，三产发展空间非常大，这些省份也逐渐形成相对独特的区域发展模式。比如海南的支柱产业是旅游业、房地产业等第三产业和热带农业。海南拥有得天独厚的热带农业资源，热带农产品和反季节产品是其产业特色，因此热带农业一直为海南的主打产业，而工业化发展基础相对薄弱，要让二产成为海南的主导性产业的可能性比较小。

一　蔬菜产业脱贫——"者楼模式"

者楼镇位于黔西南州册亨县，者楼河沿线日照时间较长，雨热同季，全年无霜期达 345 天，被称为"天然温室"。2008 年国家发改委等部门确定了首批 100 个石漠化综合防治试点县，其中包括了黔西南州的 8 个县市。20 世纪 70 年代，册亨县的集市街道上很少能看到蔬菜，从邻县运来的蔬菜往往价格高却不新鲜，供远不应求。直到 80 年代中期，羊场村的岑南光等 6 人到邻近的黔南州罗甸县学习早熟蔬菜种植技术、试种辣椒成功后，种早菜的农户积极性高涨。册亨县的条件非常适合种植早熟蔬菜，1987 年收益 250 万元，尝到甜头的农户引进了更多的

---

① 张敏：《大西北的丰富宝藏》，《党政论坛》2000 年第 5 期，第 25 页。

早熟蔬菜并不断扩大早熟蔬菜种植面积。在羊场村的辐射带动下，1995 年，者楼镇已经有 9 个村庄种植早熟蔬菜，规模达万亩。实行规范化、标准化种植后，更多农户加入到种植早熟蔬菜的行列，1999 年利润突破了 2000 万元。每到 4—6 月份早熟蔬菜上市的季节，外地商贩就直接开车到农户的田边地头收购新鲜蔬菜，价格也比较可观，形成了独具特色的"者楼模式"。

2003 年以来，县委、县政府重点关注早熟蔬菜，将其当作册亨农民增收致富的支柱产业，针对早熟蔬菜发展上的瓶颈和存在的困难，提出了"以市场为导向、以科技为依托、以优质无公害产品为标准"的发展思路。[1] 2004 年成立者楼镇"蔬菜协会"，解决了产销协调不畅的问题，使产品的价值充分得到实现。2006 年 4 月，省长林树森到者楼蔬菜基地考察后，提出了普及"一季水稻，两季或三季蔬菜"模式。在做大产业的同时，改变只追求产量的传统观念，发扬创新精神，如走"猪—沼—菜"经济的产业内部循环之路。各级党委政府按照现代农业生产发展的要求，引导农户调整生产结构，为当地的发展提供良好的社会环境。做好产业规划和技术、管理、销售等方面的人才培训，逐步形成产业化经营链条。2013 年，全县蔬菜种植面积达到 12.27 万亩，产量 14.5 万吨，菜农户均收入达 8000 元以上，最高达 6 万余元。[2] 如今，"者楼模式"已形成远近闻名的"菜—菜—稻"水旱轮作生产模式的品牌，成为黔西南州四大模式之一。

（一）"者楼模式"的形成

"者楼模式"取得成功，离不开最早种植早熟蔬菜的羊场村党支部书记岑南光等人的示范种植。由此逐步摆脱了过去"荒

---

① 韦正兰：《"者楼模式"开启者楼河畔人民致富门》，《大观周刊杂志》2012 年第 47 期，第 220 页。

② 摘自《贵州日报》"者楼河畔的'财神爷'"（http：//gzrb.gog. cn/system/2014/07/16/013669957.shtml）。

田荒土荒田坝"的困境，促进了农民增收，形成了特色产业种植。再以此为基础，县委县政府采取积极、科学的措施，使种植趋于规范化，进一步优化产业结构。

首先，对种植品种进行优化，积极引进新早熟蔬菜品种，对试验成效良好的实施推广。2011 年，抗病、耐低温、高产的"韩玉 3 号"辣椒试种取得成功，于次年推广后全面取代了"新香 2 号"。同时，不断拓展早熟蔬菜的品种，突破传统的"老几样"，实现种植多元化。

其次，充分利用者楼的气候、土壤等天然条件优势，开展新的种植项目，调整农业种植结构。2011 年 10 月，华蕊花卉绿化有限公司引进的花卉种球正式移栽至大棚，生长情况良好，远销国外，获得可观的收益。花卉产业开启了新的致富路，进一步丰富了"者楼模式"的内容，为多业发展奠定了基础。

再次，随着者楼镇的产业规模越来越大，对市场的把握越来越重要。实行产、供、销一体化，更能直接掌握消费者信息，占有市场的主动权。通过建立蔬菜协会、蔬菜信息中心等部门，做好蔬菜生产、供货、销售等产业链信息的收集、分析，及时更新数据和发布最新内容，确保以真实、准确、及时的数据为指导，切实为贫困户谋利益，更高效地推进精准扶贫工作。

（二）"者楼模式"的启示

特色产业精准扶贫，是一个与农民建立利益共同体的过程。者楼镇在早熟蔬菜产业链的全程实施中时刻为农户着想，解决他们从种植到销售过程中的难题，切实为贫困户图发展、谋利益。这项复杂的长期性系统工程，不仅需要决心和资金，还需要敢于创新的勇气。

各级相关部门要积极展开调研，将精准适宜的特色产业纳入扶贫范畴，做好精准扶贫规划工作并制定和选择最优的扶贫方案，根据在组织具体实施的过程中解决未预料到的新问题，不断完善方案的内容。各级领导干部坚持水滴石穿的精神为贫困户排忧解难，贫困户同样也持续发力，卯足韧劲、实劲，撸起袖子加油干。建立干部绩效考核长效考核机制，过于频繁的考核不仅难以看出成效，且劳民伤财。

提高精准扶贫的投资效益。从经济的角度来看，扶贫也是一个重要的投资行为，因此遵循市场和产业发展规律，因地制宜地用科学的方法确定扶贫发展方向、重点和规模，保证其合理性从而少走弯路。充分利用当地的生态、资源等优势，找准特色产业开发的重点、难点和切入点，根据贫困区的生态资源的自然状况和承载能力，以及贫困户实际的经营能力和脱贫需求，"找准病因，因病施策"，减少因盲目跟风引进水土不服的产业而带来的弊端。

合适的经济组织引导是实践中不断提高扶贫的精准性、效益的持续性和增收的有效性的关键。从岑南光为首的小组织发展到蔬菜协会等相关组织部门，者楼致力于建立以产业为抓手的"精准至要、扶贫为本、利益共享、风险可控、群众满意"的组织引领机制和支撑保障体系。畅通经营销售渠道，强化了市场意识，警惕和避免贫困户因投资失效而陷入新的贫困。积极引导社会各方面力量参与产业扶贫，加大对产业扶贫政策、技术、人才、资金的投入，调动贫困群众在特色产业发展中的积极性，培养生产质量安全和长远发展意识，提高业务实践能力。

二 加工业的升级——"同心同德"

同心县位于宁夏回族自治区中南部，隶属于吴忠市，地形复杂，属于丘陵沟壑区，划分为"西部扬黄灌区""中部干旱山区"和"东部旱作塬区"。日照充足，昼夜温差较大，几乎与降水量持平的蒸发量使干旱缺水成为同心县最突出的自然特征。1988 年，根据同心县的自然条件和回民经商传统等，县委提出了建立流通试验区的意见，放开了皮毛、发菜、木材等几类大宗商品的经营。1990 年获自治区政府批准后，实行放宽工商管理等七项优惠政策，推动了县域经济的发展。1995 年集市贸易成交额达 8102 万元，流通税收 400 万元。[1] 但此地开发建设是在极度脆弱的生态环境下进行的，往往会出现"小灾返小贫，大灾返大贫"的现象，缺乏稳定发展的后劲，因此早年虽在脱贫上小有成绩，却始终无法真正摘帽。

河西镇同德村是同心县"十二五"期间最大的生态移民村，而且是一个回族村落。宁夏润德生物科技有限公司经过荒滩地土壤测试，发现这块无人问津之地竟富含硒元素，便决定在同德村按照庄园模式培育有机枸杞。润德庄园是同心县 2013 年以"公司 + 基地 + 农户"模式引进的一家集枸杞种植、加工、销售为一体的龙头企业。公司生产基地来自于从同德村移民群众手里流转来的 7500 亩地，庄园拥有百吨级无尘制干车间，以及能对采摘下来的新鲜枸杞进行清洗、杀菌、消毒、速冻、包装一系列现代化的自动生产操作流水线。枸杞本身具有很高的附加价值，除直接食用、煲汤、泡茶和熬粥等，还开发了枸杞酒、枸杞粉等众多品种的枸杞加工产品，不仅在药业占据市场，还逐步向化妆品等行业拓展，销售面越来越广，产品的高品质使其能够出口欧美、东南亚等国家和地区。

2016 年，同德村已从贫瘠的荒滩地发展成为高效益高产出的枸杞庄园，枸杞产业也成为当地的支柱产业。庄园中 2000 余名工人全部来自同德村的移民群众，很大程度上解决了就业问题，形成了良性发展、协同共进的局面。

(一)"同心同德"的发展过程

同心县利用干旱少雨、原生态的区域特点在特困移民村引入易捷、润德等有机枸杞龙头企业，独创"庄园式"脱贫攻坚

---

[1] 李宗植：《三西建设成效显著扶贫开发任重道远——宁夏回族自治区同心县扶贫工作调查》，《开发研究》1998 年第 2 期，第 49—51 页。

模式，将企业与移民产业脱贫紧紧捆绑。随着对枸杞的生产开发逐渐成熟，基本上实现了无公害培育和标准化管理。针对人们日益丰富的需求，尤其是在保健养生方面，润德庄园与时俱进，把握商机，通过深加工把枸杞加工为枸杞原液、枸杞酵素等保健食品，进一步增加市场竞争力，形成品牌效应，加快脱贫的步伐。同心县自 2003 年实施封山禁牧、草原封育以来，群众转为舍饲的方式，由于饲养成本增加、管理不当、品种近交退化等问题使滩羊的生产性能大打折扣。下马关镇申家滩村滩羊养殖示范户陈仲田，运用羔羊早期断奶、早期育肥、2 年 3 产等先进生产技术和科学的饲养技巧，获得了较高的经济效益。①

同德村采取"扶贫园区 + 龙头企业 + 生产基地 + 贫困户"的扶贫运作模式，把枸杞产业作为农业发展的战略主导产业，以规模经营带动贫困户，人均收入从移民前不足 2000 元增至6000 多元，户均收入超过 2 万元。在发展枸杞产业的基础上，扩大肉牛、滩羊和清真手拔毛鸡养殖规模，引进和扶持精深加工企业，提高加工转化率，扩大外销市场，提升产业发展层次。此外，村里还与因病因残致贫的村户展开合作，成立养殖合作社，采取集中养殖、托管代养、入股分红等合作经营方式，引导贫困户以圈棚入社、资金入股、投工投劳等方式，实现"抱团脱贫"。②

充分发挥"中国国际山羊绒集散城"品牌优势，加快羊绒工业园区二期扩建工程建设，加大扶持力度，拓宽融资渠道，鼓励和引导各类羊绒企业向园区集中。③ 逐渐扩大羊绒工业园区

---

① 马克忠、赵永宏、金学莲：《宁夏同心县滩羊生产现状调查报告》，《养殖与饲料》2007 年第 11 期，第 85—86 页。

② 摘自中国农业新闻网的吾谷新闻，2016 年 9 月 9 日（http：//news. wugu. com. cn/article/861135. html）。

③ 摘自中国招商引资信息网的对话（http：//www. cnzsyz. com/ningxia/169394. html）。

的规模，形成一定的产业集群优势，稳定解决大量贫困人口的就业问题。同心县同德慈善产业园区副主任马俊杰表示："这是一个低成本园区，政府打包各种优惠政策，一方面孵化企业扩大规模，另一方面以企业带动贫困户就地打工脱贫。比如企业进驻前3年免费使用厂房，每招收一名建档立卡户，政府就补贴1500元。"

（二）同心县发展现状

2017年，同心县围绕"两个确保"目标，制定并完善了《脱贫户产业扶持巩固提升项目实施方案》等一系列指导性文件，积极争取2017年更多的政策支持，以及产业项目开工建设和续建项目的完善配套，精准到户，激发贫困群众发展生产脱贫致富的积极性。采取差别化对待的扶持政策，按照"扶持标准确定，发展项目自选，能发展什么产业，就鼓励发展什么产业，户均财政专项扶持资金不超过1万元"的原则，加大产业扶持力度。①

如今，同心县重点抓住滩羊、小杂粮、油料、肉牛四大基地建设。在有机枸杞、养殖、原绒集散等特色生产加工产业链上，吸附着约7万村民。这些产业成为同心县"拔穷根"、积蓄后续产能的原动力。在保护生态的前提下充分利用独具特色的自然资源，切实加强土地资源管理，有组织地拓宽劳动力转移就业渠道，加强教育管理和专项技能培训，健全跟踪监管机制防止返贫现象的出现，不断提高劳务输出的质量和效益。

（三）"同心同德"的发展启示

民族地区的加工业通常具有规模小、分布散、技术水平低、产业链短等特点。各级党委政府保障多项措施并举，明确支柱产业，实现经济发展、贫困群众摘帽致富。加工业的龙头企业

---

① 摘自中国农业新闻网国内资讯，2017年5月22日（http://www.ntv.cn/p/326372.html）。

在产业扶贫过程中真正做出贡献是两者协同发展的关键。相关部门加大对龙头企业的扶持力度，通过基础设施建设、信贷投入、技术支持等手段形成规模经济，逐步增加农产品加工业附加值。

　　坚持以市场为导向，以经济效益为中心，运用市场方式配置财政资源实现综合效益最大化。在县域范围培育支柱产业，拓宽增收渠道，增加资本积累能力；在村镇范围，增加公共投资，改善基础设施，培育产业环境；在贫困户层面，提供就业岗位，提升人力资本，促进贫困人口积极参与产业价值链的各个环节，激活发展动力，提高发展生产能力和就近转移就业。①总的来说，同心县通过特色产业优化升级，促进了片区资源优势向产业优势、市场优势和经济优势转化，刺激县域经济发展，有力、有序、有效推动实践精准扶贫思想。

三　旅游扶贫——四川省民族地区

　　四川省位于中国西南腹地，人杰地灵，深厚的文化底蕴和特色的风土人情使它享有"天府之国"的美誉。四川是一个多民族聚居省份，现居有彝、回、羌、苗、纳西、土家等14个少数民族。四川省民族地区由于地理环境特殊、地形复杂，交通运输条件极不发达，与外界交流甚少，经济水平落后，是攻坚战中的"硬骨头"。

　　旅游业是一项包括餐饮、住宿、游览、购物、文娱等环节的综合性行业，广泛的涉及面使其能带动多种行业的配套发展。国内旅游业作为国民经济主导产业的发展定位确立后，它就逐渐与扶贫融合在一起。旅游扶贫的实质是利用旅游经济的外部

---

　　①　摘自《农民日报》数字报，2016 年 11 月 3 日（http：//szb. farmer. com. cn/nmrb/html/2016 – 11/03/nw. D110000nmrb＿ 20161103＿ 9 –07. htm？ div＝ –1）。

正效应，促进区域经济的整体发展而使参与旅游经济活动的全部人口受益。① 从国内实践看，旅游作为一项扶贫开发政策落地是以"旅游扶贫"被列入旅游行业"九五"规划为标志的。从产业发展来看，主要是景点—观光游、大众—休闲游，以及正在迈进的智慧—全域旅游发展新形态，每个阶段的旅游产业都有自成一体的扶贫嵌入路径。随着扶贫战略模式从县域开发、整村推进再延伸至精准到户，扶贫落点由基础设施建设、培植支柱产业转变为贫困村底部资源整合，再进一步转向有利于贫困户家庭发展能力构建发现的底层机制创新，以扶贫为目的培育产业项目进而再转向旅游与扶贫机制对接融合的发展演化。② 总之，带动贫困户融入旅游产业链，加强资源的统筹管理，促进贫困地区一二三产业融合发展。

全面展开旅游扶贫的四川省把经济水平低下但具备优厚自然资源的民族地区列为重点帮扶对象。通过打造良好的景区环境，加大宣传力度，制定合理的收费标准，提高服务质量，满足消费者的多样化需求以吸引客源带来经济效益。旅游扶贫同时具有较高的就业效益和生态效益，有助于四川省民族地区加快实现从"输血"到"造血"的转变。党的十八大以来，四川省通过发展旅游带动的脱贫人数达 50 万以上。2015 年，四川全省通过发展旅游带动 1000 余万农民直接和间接受益，从事旅游业的农民人均纯收入达到 13500.3 元，比上年同期增加 1424.9 元，收入增速比全省农民收入平均增速高 2 个百分点。其中，"四大片区"③ 实现乡村旅游收入 820 亿元，占全省乡村旅游收

① 邓小海、曾亮、罗明义等：《云南乌蒙山片区所属县旅游扶贫效应分析》，《生态经济》2015 年第 2 期，第 134—138 页。
② 赵伦、李丹妮、苟文峰：《扶贫模式变迁视域下旅游扶贫的机制演化》，《开发研究》2017 年第 2 期，第 30—34 页。
③ 指四川省乌蒙山片区、秦巴山片区、大小凉山彝区、高原藏区。

入的 48%，同比增长 26%。①

近年来，四川贫困地区通过改善交通基础设施、引入旅游项目等多种形式带动群众脱贫增收。阿坝州通过"三百示范工程"和"一个旅游点致富一个村""一个旅游区带富一个乡"模式，建成了一批配套完善、环境优美、风格独特的精品旅游村寨，形成旅游精准扶贫格局，为群众稳定持续增收打下基础；甘孜州以旅游统筹城乡发展，成功打造磨西镇、稻城县等旅游扶贫示范点，实现旅游全域化、新型城镇化、农牧业现代化"三化"联动；凉山州旅游就业比重占全社会就业的 6.5% 以上。②

（一）聚焦四川民族地区全域旅游

全域旅游是指将旅游业作为优势产业，通过对一定区域内的经济社会资源进行全方位系统性的优化调整，使各行业、各部门、全域居民共同参与其中，实现区域的资源整合、产业融合和社会共建，并以旅游业带动当地经济社会协调发展的一种全新的区域内旅游发展模式。③ 最终实现从"小旅游"向"大旅游"格局的转变。

"十三五"期间，四川省民族地区遵循"产业围绕旅游转，产品围绕旅游造，结构围绕旅游调，功能围绕旅游配，民生围绕旅游兴"五大战略路径，重点加强区域旅游投资，提升旅游产业实力，使旅游扶贫成为改善民族地区民生的主力。深入推

---

① 《"旅游 + 扶贫"融合发展的四川经验》，《中国旅游报》（http://www.scfpym.gov.cn/show.aspx？id = 50981）。

② 《四川民族地区全面启动旅游扶贫　带动百万人脱贫》，《四川日报》2016 年 6 月 6 日 （http://www.china.com.cn/travel/txt/2016 – 06/06/content_ 38613327.htm）。

③ 厉新建、张凌云、崔莉：《全域旅游：建设世界一流旅游目的地的理念创新——以北京为例》，《人文地理》2013 年第 3 期，第 130—134 页。

进全域旅游，改变原区域格局，将具有一定规模的区域作为一个配套设施、功能结构完整的旅游地来规划、建设和运作，促进区域经济发展，使距离景点景区较远的贫困村户的经济收益都能被带动起来，每个贫困人口共享增收成果，逐步缩小与景点景区内部群众的贫富差距，实现景点景区内部和外围一体化。

四川省大部分民族地区由于受到地貌、气候、人口等诸多因素的限制，在发展旅游之前，往往都需发动政府及社会各界的力量完善交通、水利等基础设施。海拔较高的地区建设供给站的同时还需加强宣传高原旅游的注意事项，给游客提供卫生便捷、安全舒适的旅行环境，从而争取到更多的客源市场。

四川省旅游发展委员会与四大扶贫重点区域涉及的 12 个市（州）旅游部门联合组建了全省旅游扶贫工作领导小组，并在四川省旅游发展委员会内设立了扶贫办公室。"旅游扶贫促进中心"成立后，扶贫办通过购买服务的方式委托其开展片区旅游扶贫调研、规划、培训、指导和评估等工作。① 2016 年，四川省旅游发展委员会在"四大片区"设立了"旅游扶贫促进中心"。该机构被定位为四川省在"四大片区"开展旅游扶贫工作的平台和载体，在四川省旅游扶贫办的带领下，按相关规定提交本片区旅游扶贫动态信息、扶贫绩效报告等，如期完成制定的脱贫攻坚目标。

对于旅游基础设施的建设，国家旅游局局长李金早提出："水利工程建设除了要满足灌溉、防洪排涝等功能，还要满足休闲观光和游憩度假功能；交通建设不仅要满足基本运输要求，还应配备景观通道或休闲长廊，满足日趋增多的自驾车旅游服务需求；农业发展不仅要满足农业生产的需要，还要满足农业采摘体验、休闲农业需求，等等。"凉山州的安宁河谷地处平

---

① 摘自《中国旅游报》，2016 年 8 月 29 日（http：//www. cnta. gov. cn/ztwz/lyfp/zyhd/201608/t20160829_ 782061. shtml）。

原、靠近大城市、交通较为便捷，采取农业观光采摘和少数民族风情表演等模式，充分利用了各类特色节庆活动平台发展民俗旅游、生态旅游和农业观光旅游。凉山州将全面投入建设旅游扶贫示范区（村）、民宿旅游达标户，力争带动全州 11 个贫困县 10000 人次脱贫。

（二）四川开展全域旅游的启示

首先，四川省民族地区发展全域旅游有着天然优势与内在需求，正是由于四川省民族地区基础设施建设较滞后，相对为全域旅游提供了充足的空间进行全面的规划建设。其次，四川省民族地区第一产业和第二产业由于存在诸多限制因素而处于落后水平，旅游业所占 GDP 比重相对较大，有利于发挥当地旅游业的优势作用，通过重点带动、优化输血、社区联动、强化培训等方式，积极推动其他产业与旅游业交叉融合形成的新型产业，构建复合型产业结构来增强辐射带动功能，惠及更广泛的贫困区域及人口。再次，全域旅游有助于改善传统景点景区旅游主要由收益不均造成的社会矛盾，切实扩大旅游扶贫的受益半径。

旅游产业参与扶贫的模式演变和扶贫战略的变迁具有内在关联性。各级政府要强化依托景区带动、乡村旅游培育、旅游商品支撑三种旅游扶贫模式，为贫困人口创业、就业、增收提供平台。同时，要以经济发展新常态为背景，把集中连片旅游扶贫、片区合作协同发展有机结合，推动全域旅游、"旅游 +"、"大旅游"的发展势头，加快实现旅游产业转型升级。

第四节　易地搬迁型

由于居住地自然条件恶劣、自然灾害频发而不具备扶贫脱贫，甚至达不到具备生存生产的最基本条件，以及生态环境脆弱、限制或禁止开发地区的地区，若沿用传统的就地扶贫办法，会产生成本高、操作难、收益小的问题，投入和回报难成正比。易地搬迁能从根本上改善安置区的生产生活条件、调整经济结构和拓展增收渠道，帮助搬迁人口逐步实现脱贫致富。

易地扶贫搬迁是一项政策性强，工作难度较大的综合性工程。对于施策人员来说不仅仅是地图上的 A 点到 B 点的简单移动，还必须考虑搬迁群众原有的生产生活方式、文化习俗观念等，同时不能忽视安置地生态资源的容纳程度和群众的物质利益，对资源和物质利益进行合理再分配。

修水县是赣西北山区的一个农业大县，这个素有"八山半水一分田，半分道路和庄园"之称的县城，"桑蚕、药材、食用菌、山羊"是其四大支柱产业。修水县移民搬迁的总体趋势是从西部往东部迁移，实行跨乡安置，平均位移了42.8公里。修水县政府作为整个移民搬迁扶贫行动的组织，广泛发动社会力量，投入大量资金、人力和物力进行协调，落实搬迁工作，并创造了移民生产生活的基本条件，克服了自发移民零星散乱、缺乏保障等弊端。

一　修水移民搬迁概况

2003 年，江西省各部门决定将修水县列为全省深山区、库区搬迁扶贫工作试点县。经过探索和努力，修水县在 2009 年开始实施易地扶贫搬迁试点工作，截至 2016 年年底，建档立卡的精准脱贫对象是 91 个贫困村、53841 人，预计 2017 年将有 7350 户 29103 人实现脱贫目标。[①] 修水县扶贫办进行了一次"深山区农民生活状况及搬迁意向"的问卷调查，对于是否赞成移民搬迁的态度，回答"非常赞成"，"比较赞成"，"赞成"的分别是

① 摘自江西省扶人民政府驻北京办事处新闻中心的"修水推进脱贫攻坚促发展"（http://www.jxszjb.gov.cn/xwzx15/sndt/201701/t20170103_1307367.htm）。

53.1%，13.4%，20.8%，有 7.6% 的人表示"无所谓"，6.9%的态度是"不赞成"。① 可以看出大部分群众对通过搬迁实现脱贫有较大的期待，少数人则由于依恋故土、惧怕风险等原因而反对搬迁。

修水县以《江西省"十三五"易地扶贫搬迁工作实施方案》为指南，深刻把握其内容并与修水县的地区特征相结合。积极发动社会各界力量，形成强大的凝聚力。加强统筹协调，建立和健全政府组织、政策组合、资金整合、资源聚合、社会帮扶等搬迁安置工作机制。在新一轮机制改革中，修水县新设"山区村民整体搬迁办公室"，深入推进整体搬迁工作。为进一步加强扶贫和移民项目资金管理，保证资金使用规范、安全、高效，推出了《修水县扶贫和移民项目资金管理实施细则》等一系列整体移民搬迁的政策框架和行动指南，并成立工作组到基层宣讲相关政策。充分尊重群众意愿，按农户申请、村组申报、乡镇申报、县级审批的"四级程序"确定整体搬迁试点村组。

自 2012 年年底以来，修水县深入贯彻落实党的十八大精神以及省市的决策部署，将移民搬迁扶贫与新"四化"相结合，扎实开展推进整体移民搬迁、加快城乡发展一体化试点工作。② 对于在不适宜居住的修水县边远深山区、库区、地质灾害区等符合搬迁条件区域的贫困村户，脱贫的首要工作内容就是在坚持群众自愿的基础上，以"整村、整片、整组、整自然村"为单元有序组织整体搬迁。2016 年 8 月 5 日，修水举行了津怡、良瑞、紫竹、鹏宁 4 个安置小区的易地扶贫搬迁摇号分房仪式，452 户通过摇号分到了新房，改善了贫困户的生产生

① 赖波平：《深山区扶贫移民搬迁动力机制的建立与分析——以江西省修水县为例》，《地方治理研究》2009 年第 3 期，第 11—15 页。

② 国家行政学院编写组：《中国精准脱贫攻坚十讲》，人民出版社 2016 年版，第 201 页。

活条件。

坚持规划引领，因地制宜。《修水县城乡发展一体化规划（2013—2050 年）》对本县的城镇建设、农田保护、产业调整、新村建设、生态涵养等进行了合理布局，以全域规划引领工业向园区集中、人口向城镇集中、土地向适度规模经营集中。计划到 2020 年，实现将全县农村人口分为大致均等的三部分到县城、集镇和农村，其中县城建成人口规模达到 30 万左右的中等城市。

坚持精确瞄准，整体搬迁。对国务院扶贫办信息管理系统中建档立卡的搬迁移民贫困人口，按照规划下达每年的搬迁计划任务。在群众自愿的基础上实行应搬尽搬。对于不能整体搬迁的，优先搬迁建档立卡贫困人口。修水县在 2013 年搬迁了8000 人，2015 年提升至 12000 人，2016 年更是有 23000 人成功落实搬迁，计划到 2020 年，总计 10 万人完成移民搬迁。坚持量力而行，保障基本。以土地产权制度改革为核心，确保移民搬迁后有住房、有就业、有保障、有户籍。叠加移民扶贫政策补助、农村危房改造补助、旧房拆除补偿、县城购商品房、小户型安置房的财政奖励等各种优惠政策，修水县搬迁户均补助可达 8 万元。安置房按 1350 元/平方米的成本价面向搬迁户出售，户均住房面积为 35 平方米，确保搬迁户搬得起、搬得出。修水县多方筹集资金，争取省市专项补助 1.54 亿元对安置区的农田水利、基础公共设施、社会服务设施等进行了全面建设，免除搬迁户的后顾之忧，解决移民初期的生产生活问题，努力做到稳得住、能致富。

坚持梯度安置，差别扶持。对具有一定经济条件和稳定生活来源的农户引导到县城或集镇实行"务工经商，城镇安置"；对以种田为生、经济条件一般的农户引导至中心村实行"统一选点，集中安置"；对通过荒山开发建立蚕桑、茶叶、林果、药材等主导产业基地的地方，实行"产业开发，基地安置"；对其他基础条件较好但土地资源较紧张的地方，通过改良荒地荒滩实行"土地整治，造地安置"；对想进城暂时不具备购买安置房能力的特困户，鼓励先租住公租房，待条件成熟后再按照现行政策办理产权手续，实行"先行租住，过渡安置"；对不符合集中安置的特困户实行"投亲靠友，分散安置"；对分散五保对象及没有购买安置房能力的痴聋傻哑、鳏寡孤独等五保边缘户实行"五保老人，敬老院安置"。① 安置点的多样化带来了户型的多样化，县城和集镇的移民公寓安置房有 60、80、100、110、120 平方米 5 种户型可供选择；中心村的建设按面积在 120 平方米内，楼层不超过三层的规定采取统规统建或统规自建。

坚持整合资源，创新机制。对各相关部门单位（交通、水利等）涉农惠农的政策和资金进行整合，确保资金性质不变，投入投向易地扶贫搬迁安置点的建设。坚持以人为本，以"强工兴城"为切入点，对完成搬迁的群众加强管理，并制定了一系列后扶政策杜绝返贫，初步实现人的素质和社会管理的良性互动，摸索出了城乡一体化的新路径。实现易地扶贫搬迁与退耕还林工程有机结合，遵照《退耕还林条例》《修水县退耕还林工程资金和粮食补助发放管理办法》等有关文件的规定展开验收工作，对合格小班先兑现，验收不合格小班要抓紧时间通过补植进行整改，促进生态的良性互动。

二 修水搬迁脱贫的启示

修水县易地扶贫搬迁工作的开展、深入以及取得的良好脱贫成效都是以强力高效的政府组织协调为保证的。易地扶贫搬迁是一项全局性、长期性的工程，涉及经济、政治、社会、文化、环境等领域，尤其是在民族地区，政策因素与非政策因素

---

① 赖波平：《"修水模式"的探索与发展》，《老区建设》2010 年第 15 期，第 48—51 页。

纷繁复杂，需要政府从宏观和微观上反复审慎、统筹协调。易地扶贫搬迁除了与城镇建设、工业园区建设、重点集镇建设和中心村建设有机结合外，还应加强人文关怀与社区文化建设，保护和传承乡村文化、民族文化，营造互帮互助的社区氛围，实现生产生活方式的转变，加快城乡一体化进程。

另外，易地扶贫搬迁不仅仅是简单地将过度依赖自然资源和生态环境的农牧民转移出来，而且在转移的同时，要对迁出地的生态环境进行修复和保护，以免造成生态环境的进一步恶化。[①] 根据国家生态建设生态林业发展政策，制定区域生态环境整治规划。坚持生态移民，发展区域生态环境保护治理项目建设投资基金，鼓励安置点规划保留原有林带、水系、果林，维持原有生态平衡，发展生态林按国家生态林建设政策对待，发展经果林按产业化扶贫政策对待。[②] 将移民安置工作与生态建设工程有机结合，发展经果林、庭院经济、生态循环农牧业、小流域治理、新村绿化和农田防护林带建设，因地制宜打造各具特色的生态园林安置区，促进区域可持续发展。

移民搬迁工程是调整和升级区域产业结构的重要动力，而适应移民搬迁的产业结构调整与升级又是搬迁移民顺利实现生产生活方式转型和生活水平提高的重要保障。[③] 易地扶贫搬迁居民在安置地必须有促进移民稳定增收的后续产业支撑体系。对安置区展开调研，扶植一批具有发展潜力的产业，推进就业培

[①] 摘自中国共产党新闻网的《内蒙古日报》理论专栏，2017 年 7 月 17 日（http://theory.people.com.cn/n1/2017/0717/c412680 - 29409303.html）。

[②] 王芳玲：《易地搬迁扶贫的实践与思考》，《工程技术：引文版》2016 年第 12 期，第 113 页。

[③] 摘自中国共产党新闻网的《内蒙古日报》理论专栏，2017 年 7 月 17 日（http://theory.people.com.cn/n1/2017/0717/c412680 - 29409303.html）。

训等后续发展工作。通过产业发展为安置点居民解决就业问题，实现扶贫搬迁项目稳得住，促使安置点居民稳定增收，脱贫致富。

第五节　金融帮扶型

金融是现代经济的核心，金融扶贫在打赢脱贫攻坚战中有不可取代的重要地位，党中央、国务院把它作为扶贫政策"组合拳"中的"重头戏"来部署。习近平总书记在中央扶贫开发工作会议上强调："要通过完善激励和约束机制，推动各类金融机构实施特惠金融政策，加大对脱贫攻坚的金融支持力度。"至2016年3月末，全国贫困地区832个县各项贷款余额约4.2万亿元，同比增长17.4%。① 金融帮扶和普惠金融在扶贫开发中取得了显著成效，提升贫困地区的金融服务水平，改善贫困群众的生产生活条件，为打赢脱贫攻坚战提供了重要支撑。

一　人民银行金融服务与扶贫的对接

中国人民银行加强与财政部、银监会、证监会、保监会、扶贫办等金融扶贫牵头部门的协调合作，以加大政策实施力度、创新金融产品和完善金融基础设施为主线，充分发挥主体作用，促进贫困地区贫困人口增收致富。2016年3月，人民银行会同相关部门联合印发《农村承包土地的经营权抵押贷款试点暂行办法》和《农民住房财产权抵押贷款试点暂行办法》，明确借贷条件、贷款管理、风险补偿、配套措施等政策，适度延长贷款期限，简化贷款审批流程，有效盘活67个贫困地区试点县的农

---

① 摘自《光明日报》2016年6月20日第03版（http：//epaper. gmw. cn/gmrb/html/2016－06/20/nw. D110000gmrb＿20160620＿6－03. htm？div＝－1）。

村资产。除"两权"抵押贷款试点外，创新开展扶贫小额信贷业务，引导金融机构为符合条件的建档立卡贫困户提供5万元以下、期限3年以内的信用贷款。农机具抵押、林权抵押、应收账款质押等信贷业务进一步拓宽了贷款抵押担保物范围，为贫困户提供更多融资选项。

人民银行在全国范围的各个国家级贫困县、省级扶贫开发重点县以及连片特困地区开办扶贫再贷款业务，明确扶贫再贷款发放标准，以更优惠的利率，要求金融机构将扶贫再贷款优先和主要支持带动贫困户就业发展的企业和建档立卡贫困户。

金融支持扶贫开发，必须建设和完善基础设施，尤其是贫困地区支付基础设施的建设与助农取款服务的普及。截至2015年年末，贫困地区已设立县级银行业金融机构5185个，服务网点4.4万个，共布放ATM机、POS机等自助设备120.3万台。① 随着信息化浪潮的影响日益深远，人民银行鼓励探索利用移动支付、互联网支付等新兴电子支付方式开发贫困地区支付服务市场。

人民银行强调，普惠金融、精准扶贫要求金融服务重心落到基层，带动辐射更多的贫困人口参与金融帮扶。大中型商业银行继续优化县域基层网点，健全商业性金融信贷管理体制，逐步实现乡镇网点布局的全覆盖。2016年5月，人民银行联合扶贫办、"三会"建立信息共享机制和金融精准扶贫信息系统，准确掌握、共享金融帮扶信息，实现对信息的精准采集、实时监测和评估考核，便于人民银行基于真实、准确的数据，统计分析不同阶段的帮扶成效，以及对宏观发展趋势进行预测，再制定金融精准扶贫政策制度，促进金融帮扶不断朝精准化方向

---

① 《发挥金融力量着力精准扶贫》，《人民日报》2016年6月20日（http：//www.360doc.com/content/16/0620/09/32712951 _ 569197581.shtml）。

推进。

人民银行还强调了面向贫困群众金融知识的宣传培训，推动全国性金融消费者教育和金融知识普及，深入开展"金融消费者权益日""金融知识普及月""金融惠民工程"等活动，提高贫困地区金融消费者的金融素养和风险识别能力，帮助其形成维护自身合法权益的意识。

二 青海海晏的"金融之路"

海晏县位于青海省东北部，隶属于海北藏族自治州，湟水源头，是青海"丝绸之路"南线的主要组成部分。海晏县是典型的高原亚干旱气候，平均海拔 3000 米以上，年平均气温1.5℃左右，除了干旱外，冰雹、霜冻、风沙等自然灾害频发。

海晏政府部门每年有很多扶贫项目，如把奶牛或者机械设备发放到贫困户手中，但由于村民不懂得技术、观念落后等原因，反将奶牛或机械设备低价出售，因此贫困始终没有真正改善。2014 年，海晏县将 300 万元金融扶贫资金在银行作质押，以 1 比 10 的比例撬动银行贷款 3000 万元，切实解决了哈勒景村、新泉村"要发展、想发展、没有钱"的问题。这两个村得到 300 万元金融扶贫资金是通过竞争发言、评审委员会评审等环节中"竞标"胜出的。在公开透明的情况下，实现了扶贫开发资金竞争性分配，保障了群众的知情权、参与权和监督权。同时提高了项目村的自主性与责任感。

（一）海晏金融扶贫概况

海晏县始终把脱贫攻坚放在发展的首位，按照农村低保和扶贫标准"两线合一"的工作要求，推进精准识别，推行一户一策的扶贫方式等，让贫困群众真正受惠于好政策。2003 年全县构建了新的信用体系，积极开展"信用县""信用乡镇""信用村""信用户"四个层次的信用体系创建活动。金融系统信贷支农力度不断扩大、效益明显。2003 年年底，全县金融机构各项存款余额10193.1万元，比2003年年初增加2650.5万元。其中：企业存款2524万元，增加691.1万元，城乡居民储蓄存款6113万元，增加1795万元，年内发放各项贷款5128万元，比上年增加873.4万元。①

2015年青海省金融扶贫现场观摩会在海晏县召开，会议围绕"十二五"期间扶贫开发工作尤其是金融扶贫工作的落实情况展开，这标志着海晏县金融扶贫工作进入一个新时期。2016年海晏县的3个贫困村和建档立卡的195户626名群众人均已达到省定的6项退出标准，脱贫攻坚过程中探索出的一些创新举措走在了省州前列。②

勒景村是海晏县一个不起眼的贫困村落，也是通过金融扶贫项目受益良多的代表村。勒景村居民主要是蒙古族，全村163户人中有17户建档立卡的贫困户。种植青稞和放牧几乎是他们的全部经济来源。村"两委"及合作社转变发展思路，盘活村级、合作社固定资产和闲置资源，及时清产核资，科学制定资产管理方案。以"订单收购、按劳计酬"方式管理大型牧草收割粉碎机，工作质量与效率得到很大提高，20天为合作社创收15万元。

勒景村在贷款发放中采取"能者多贷、10户联保、能者帮贫"的方式，对能人和大户给予较大额度的贷款分配，让大户能人义务帮带一个贫困户劳动力，保证其至少年创收1万元；对信用额度低，只能贷出5万元左右的农牧户，由能人大户拿出一部分资金贴息；对确实无能力贷款的特困户，从大户贷款

---

① 摘自个人图书馆的《青海省海北藏族自治州海晏县》（http：//www.360doc.com/content/09/0930/11/296815_6632774.shtml）。

② 摘自海晏县人民政府的新闻动态，2017年1月9日（http：//www.qhhyx.gov.cn/html/1506/208780.html）。

时收取的扶贫滚动基金中每户按 2000 元至 5000 元购置周转牲畜。① 新的扶贫方式激发了贫困户脱贫的自主创业能力与内生动力，在技能和智力层面取得扶贫效果。通过将产业扶贫示范村资金作为贷款风险担保基金全部以定期存款的形式存入当地农村信用社，勒景村的贫困村户获得贷款的支持，村民得以大力发展养殖、牛羊贩运、饲草饲料、旅游服务等项目。到 2015 年 9 月，勒景村有 44 户取得扶贫贷款，共计 954 万元，其中有 6 户建档立卡贫困户，贷款金额 43 万元。②

海晏县创新采取"12560"（1 个扶贫产业园、2 个龙头企业、5 个产业基地、60 个村级专业合作社）方式，构建了全省首个"覆盖县域、覆盖产业、覆盖所有建档立卡户"的无边框扶贫产业园，形成了金字塔式的扶贫产业园框架、一二三产业的融合带动和葡萄串式的扶贫效应，2016 年县财政先期垫付 2017 年、2018 年到户产业扶贫资金，实现了建档立卡户到户扶贫资金全覆盖，1 年内带动 810 户建档立卡户户均增收 1000 元。③

此外，海晏县不断完善农村金融体系，形成政策性、商业性和合作性金融机构功能互补，银行业金融机构与非银行业金融机构共同发展的新局面，涉农贷款投放不断增加，金融支农力度显著增强。④ 人民银行支持农村信用社、农村商业银行、农村合作银行等依托网点多、覆盖广的优势，继续发挥央行在农

---

① 马青军：《金融扶贫的青海经验》，《中国扶贫》2015 年第 18 期。

② 摘自中国金融新闻网，2016 年 6 月 21 日（http：//www.financialnews.com.cn/yh/xw/201606/t20160621_98947.html）。

③ 摘自青海日报的压实责任创新路径增强脱贫活力，2017 年 4 月 27 日（http：//www.qh.gov.cn/msfw/system/2017/04/27/010262472.shtml）。

④ 潘功胜：《加快农村金融发展　推进金融扶贫探索实践》，《行政管理改革》2016 年第 6 期，第 22—28 页。

村金融服务中的带头作用。支持符合条件的民间资本在海晏县参与发起设立村镇银行，开展面向"三农"的差异化、特色化服务；支持在贫困地区稳妥规范发展农民资金互助组织，开展农民合作社信用合作试点；信用体系的建设加强了信用与信贷联动，构建"守信获益、失信惩戒"的信用激励约束机制，使农户能获得更多融资机会。①

逐步提升海晏县事业部经营能力，优化贫困地区金融生态，扩大涉农业务范围。通过推广金融机构"双基联动"合作贷款模式，大力推进"政府＋互助社＋社员"的村级产业发展互助社建设，开展建档立卡户信用等级评定等方式，构建了多层次的金融扶贫机制和体系。②

（二）海晏金融扶贫的启示

通过强化顶层设计，制定了《海晏县脱贫攻坚督查巡查工作方案》《海晏县脱贫攻坚督查巡查工作办法》《海晏县产业扶贫成效落实情况专项督查巡查方案》等政策来推进督查巡查工作。率先成立县乡村三级"脱贫攻坚自查自评小组"，对建档立卡人口人均可支配收入进行测算。制作建档立卡贫困户"明白卡"和建档立卡贫困户争当"脱贫十星户"评比表，以"一卡一表"助推精准扶贫与自主脱贫双推进的做法，在全省范围推广应用。③ 促进了贫困人口自主创新脱贫能力。率先在海北藏族自治州开展法治教育扶贫工作，把党员"好事坏事"计分制的党建经验直接植入脱贫工作，监督、促进党员落实精准扶贫到深处，切实带领群众脱贫致富。

---

① 摘自中国中央人民政府的《国务院公报》，2016 年第 19 号（http：//www. gov. cn/gongbao/content/2016/content_ 5088784. htm? from = singlemessage&isappinstalled = 0）。

② 摘自海晏县人民政府的"海晏脱贫攻坚工程亮点频显"（http：//www. qhhyx. gov. cn 2017）。

③ 同上。

海晏县积极推行"财政扶贫资金竞争性分配机制"，在兼顾公平的基础上，将财政专项扶贫资金的分配与扶贫开发工作考核结果和资金绩效评价结果相挂钩，增强资金的正向激励作用。有关部门积极开展竞争性分配资金试点，探索"包干制"等办法，把资金分配与扶贫目标紧密结合。① 县级人民政府要建立减贫效果挂钩扶贫资金配比机制，积极推行以奖代补、先建后补、民办公助等办法，优先帮扶脱贫愿望强烈、资金落到实处、扶贫工作做得好的贫困村户，继续对实现脱贫的贫困村户给予产业政策支持。

第六节　教育扶贫型案例

教育扶贫是指针对贫困地区的贫困人口进行教育投入和教育资助服务，使贫困人口掌握脱贫致富的知识和技能，通过提高当地人口的科学文化素质以促进当地的经济和文化发展，并最终摆脱贫困的一种扶贫方式。② 教育在精准扶贫工作中具有基础性、先导性和持续性作用，是阻断贫困代际传递的根本途径。③ 2015 年 11 月，习近平总书记在中央扶贫开发工作会议上就"怎么扶"提出"五个一批"工程，其中将"发展教育脱贫一批"作为五大精准扶贫脱贫的重要途径之一，充分肯定了教育在扶贫攻坚中的重要地位，教育扶贫成为扶贫开发新时期、新阶段的重要组成部分。

教育扶贫精准化不仅体现在扶贫对象、扶贫方式上，更需

① 摘自甘肃扶贫政策文件，2014 年 10 月 9 日（http：//www.fupin. gov. cn/policy/viewpolicy – 160. html）。

② 谢君君：《教育扶贫研究述评》，《复旦教育论坛》2012 年第 3 期，第 66—71 页。

③ 王嘉毅、封清云、张金：《教育在扶贫脱贫中的作用及其机制》，《当代教育与文化》2017 年第 1 期，第 1—4 页。

要明确贫困人口对教育的真实需求。在供给侧改革背景下，除了提供稳定优良的教师队伍、搭建互联网教育渠道外，还要从需求侧出发，解决贫困地区对教育内容的准确需求。目前大多数贫困地区在学前教育、义务教育、普高教育、乡村教师队伍、职业技术教育等方面均存在不同程度的短板，教育渠道少，教育内容单一。贫困地区适龄青年普遍存在"打工没技术、创业没思路、务农没出路"的困境。[①] 因此，贫困地区的教育扶贫需要更加重视以实用技能教育为导向的"应用型"职业技术教育，通过解决贫困地区就业问题，增强贫困户的自我发展能力和抗返贫风险能力，为全面建设小康社会提供良性而长期的保障。

一 海南省"三位一体"教育扶贫

海南省经济社会发展整体水平相对较低，全省有 5 个国家扶贫开发工作重点市县和 6 个省扶贫开发工作重点市县，300 个贫困村。既有连片的贫困区域，又有分散的贫困村户，其中少数民族约占贫困人口的 18.1%，扶贫任务艰巨。海南的发展定位是国际旅游岛，历来将生态作为发展的基础，以旅游业为支柱的现代服务业和热带农业成为海南省主导产业。受到经济、文化等方面发展水平的制约，海南省的教育水平长期处于相对落后的阶段，教育的城乡二元结构突出。

基于海南经济社会发展定位以及教育发展和扶贫工作的现实需要，2008 年起海南构建了"三位一体"的教育扶贫目标模式，省人民政府办公厅出台了《关于转发省教育厅、省财政厅〈2008 年省教育扶贫（移民）工程实施方案〉的通知》，省教育厅会同省财政厅、人社厅联合印发了《关于思源实验学

---

① 摘自人民网 2016 年 3 月 16 日（http：//ah. people. com. cn/n2/2016/0316/c226938 - 27942095. html）。

校教职工配备工作指导意见的通知》和《思源高中学校建设的指导意见》，以标准化学校建设为基础，校长和教师队伍建设为支撑，帮扶辐射机制为纽带，通过机制的建设与运转，促进教育、扶贫、生态协同发展。[①] 实施教育扶贫移民工程，就是将标准化学校建设在县城附近或人口相对集中的乡镇，主要招收生产生活条件艰苦、基础设施薄弱、与城市隔绝的贫困自然村和处于生态核心保护区的边远村庄的中小学生。教育扶贫移民工程以教启智、以教脱贫、以教促绿，推进教育扶贫和教育均衡发展，对彻底阻断贫困链条和促进社会公平具有重要意义。

二 海南省教育扶贫概况

贫困地区教学点普遍存在"点多、分散、质量低"的结构性矛盾。传统的教育扶贫模式是在市县范围内整体搬迁实施过程中，将原乡镇初中学校的闲置资源用于加强中心小学寄宿能力建设，同时撤并一些规模过小的教学点，优化农村中小学布局，对区域教育资源简单整合。但在实际撤并的过程中，简单的教学点撤销和新学校的布点无法充分考虑学生上下学的便捷与安全等问题，在一定程度上反而会加剧偏远山区孩子上学难的问题。海南省运用"互联网＋"的思路，打破了距离的限制。2016 年 11 月，陵水县人民政府与云校（北京）科技有限公司进行合作，建立"云校"教育智慧云平台。"云校"教育智慧云平台是具有海南特色的"互联网＋教育"精准扶贫的新模式，通过开设网络课堂施行远程教学，让贫困地区的孩子享受与城镇学生相同的高质量、多元化的教学方式学习知识，促进教育信息化建设和优质教育资源公平化、均等化。

---

① 范涌峰、陈夫义：《"三位一体"教育扶贫模式的构建与实施》，《教育理论与实践》2017 年第 10 期，第 29—32 页。

　　此外，思源学校的建设改变了过去只注重硬件投入的教育扶贫方式，针对海南教育基础薄弱的实际情况，由省教育厅面向全国公开招聘了思源校长和学科骨干教师。思源学校校长按每年 12 万元的薪水标准发放并安排 80 平方米的周转宿舍，骨干教师可享有 1.5 万—2 万元的安家费和不低于 60 平方米的周转住房，同时每所思源学校配有 50 名左右的"特岗教师"，其余教学岗位由原撤并的学校教师补齐。① 除此之外，海南独特的自然气候条件和相对丰富的物产吸引了大量的"候鸟教师"，"候鸟教师"能够灵活地在各个层次的教育上对贫困地区的教育力量进行补充，同时，教育部门还通过设立激励机制对其进乡支援农村教育工作予以鼓励，推动教育资源的共享和教育扶贫事业的开展。

　　教育扶贫移民学校的生源主要来自偏远的农村和少数民族地区，这些学生在学习成绩、行为习惯、心理状况等综合素质方面与城镇学生差异较大。例如，在海南 15 个市县分布着 24 所教育扶贫移民学校，通过"课程与实践基地联动"模式，在"走出去"的实践学习过程中，学生的心理状态不断发生变化，从自卑走向了自信、开朗，劳动技能、实践能力和学习兴趣等综合素质普遍增强。思源学校所有来自贫困地区的孩子皆可享受政府补助，省政府按照小学生每人每年 600 元、初中生每人每年 750 元的标准补助贫困移民学生。各市县政府在省财政补助的基础上进一步增加生活补助，部分市县还对单亲、孤儿等采取了差别化的补助措施。一些市县的思源学校充分发挥农村寄宿制学校的特点，在学校周边建立生态园作为学生的实践基地，构建生态循环经济链。②

---

　　① 国家行政学院编写组：《中国精准脱贫攻坚十讲》，人民出版社 2016 年版。

　　② 郝厚先：《海南思源学校办学模式现状调查研究》，硕士学位论文，云南大学，2016 年。

引入社会力量成为贫困地区教育、就业及基础设施建设的必不可少的渠道。2016 年 11 月，海南微软创新中心在海口复兴城举办"互联网＋公益"慈善活动，对首批 20 余名贫困学生进行"一对一"帮扶，结合提供实习见习机会等方式，为贫困地区年轻人就业、创业提供了资金支持。

同年，昌江通过选择 PPP 模式投资教育，将共享教育资源用于提升全县的教育水平，并为搭建互联网"云校"提供了一定的资金支持和保障。PPP 模式杠杆率高的特点正适合贫困地区资金少、渠道缺、基础弱的特点，可以实现教育扶贫与"互联网＋教育"的无缝对接。[①] 进一步发挥 PPP 模式吸纳社会资本（资金、技术、人力）的优势，用社会资本补充部分贫困地区教育支出，减轻政府当期财政压力，推动海南省内区域教育的均衡发展。

海南部分黎苗地区有黎锦、椰雕等传统手工艺品，运用社会资本注册贸易公司，并进入山区农户开设电子商务辅导班，教授互联网、电子商务的基本知识与操作技能，通过淘宝网店、微信公众号等媒介宣传，尝试设立电子商务实施精准扶贫示范村，黎锦、椰雕等手工艺品就能走进城市。[②] 在这个过程中，电子商务盘活了贫困地区的教育和文化水平的发展，成功打造出当地特色产业品牌，企业也获得了可观的利益，实现了共赢、多赢。

海南作为生态大省，其生态保护核心区几乎都是少数民族聚居区且都有一顶贫困帽。原住居民一系列烧山开荒、伐木卖柴等传统活动破坏了生态的平衡。通过减少这些地区的常住人口对保护当地生态起到了立竿见影的效果，但要从根本上减少

---

① 应验、徐晗溪：《扶教育之贫大有可为——谈海南教育扶贫的对策建议》，《今日海南》2017 年第 2 期，第 34—36 页。

② 同上。

生态破坏的行为，必须通过宣传和教育引导群众形成环保理念和生态保护意识。通过教育扶贫移民学校教育尤其是生态环境教育，提高群众保护和建设生态环境的积极性，实现可持续性发展。

三 海南省教育扶贫的经验与展望

海南省标准化教育扶贫移民学校为其他贫困地区中小学提供了规范管理、教育教学改革等方面的经验，名校长和优秀教师团队对于区域办学水平、教学水平的提高作用显著，促进了区域学校整体管理水平大幅提升。同时与一批农村薄弱学校建立托管机制，加强精细化建设和规范化管理，带动弱校突破困境。教育扶贫必须强调精准，教育信息化为此提供行动方向，通过对基础数据的挖掘、分析、归纳，从而实现对某一特征群体、特定区域、特定时期都有专门的扶贫方案。在扶贫开发的新阶段，以数据驱动教育精准扶贫，力争建成覆盖范围更广的大数据网络，在数据共享上发挥作用，实现教育扶贫的数字化、信息化、动态化管理。

教育扶贫要分层次突破，在学前教育阶段主要侧重于解决贫困地区幼儿园和师资严重短缺，以及幼儿教师的素养不高问题；义务教育阶段的任务主要关注中小学生生命安全、营养改善和乡村教师流失严重的问题；高中教育阶段主要聚焦普通高中贫困生奖助学金以及职高学生流失的问题；对处于学龄阶段的孩子，尽可能帮助他们排除一切困难，保障他们受教育的权利，使他们能像城镇的孩子一样在校园中学习知识，掌握更多技能。

针对超过学龄且使用互联网不便的成人学生、农户等群体，在组织其学习谋生的技能与本领时，除了加强通信网络基础设施的建设，进一步完善电视夜校、广播电台等传统沟通渠道外，还可以增设微信公众号、短信平台，用简单上手的方式学习易懂、易用的技能知识。拓宽学习渠道，全方位构建信息传播与沟通交流网络，进一步完善贫困地区信息化综合服务平台体系，线上（互联网）线下（实体教学与帮扶）相结合，打通贫困地区联网的"最后一公里"，让贫困地区也能享受到信息时代的红利。①

　　贫困地区教育公益性强，收益周期长，不确定因素多，必须做好较长时期持续投入资金的预算，推进政府—企业—贫困地区三方联动，配合政策、资金、人才等方面提供对口的资助。统筹省市县各级政府间的联动效应，深入"阳光工程""春蕾工程""雨露计划"扶贫夜校等品牌项目的执行与落实。发动和吸引社会力量筹措专项资金，鼓励贫困家庭青壮年参加职业技能培训班，用短期的培训撬动贫困地区长期的良性发展。发动企业、高校对贫困地区实行定点帮扶，除了资金外，更重要的是把知识和技术带进村，培养当地人才。顺应新时代商业模式，加强电子商务的培训力度，教授互联网营销相关的知识和技能，促进贫困人口通过自己的力量就业，产生更多获得感。

---

　　① 应验、徐晗溪：《扶教育之贫大有可为——谈海南教育扶贫的对策建议》，《今日海南》2017 年第 2 期，第 34—36 页。

第四章　精准扶贫的和田思考

第一节　和田地区贫困现状分析

一　基本区情

和田地区位于新疆维吾尔自治区最南端，南依喀喇昆仑山与西藏自治区相连，北部深入塔克拉玛干沙漠腹地，分别与喀什地区、阿克苏地区、巴音郭楞蒙古自治州相邻，西南与印度、巴基斯坦实际控制的克什米尔接壤，边界线长264公里。东西长约670公里，南北宽约600公里，国土总面积24.8万平方公里，其中山地占33.3%，沙漠戈壁占63%，绿洲面积仅占3.7%，且被沙漠和戈壁分割成大小不等的300余块。全地区耕地总面积254万亩，人均耕地不到1.5亩。

全地区辖7县1市，91个乡镇、1398个行政村，13个街道办事处、116个社区，全地区总人口244.98万人，有维吾尔、汉、回、塔吉克、柯尔克孜等22个民族成分，其中维吾尔族占96.8%，汉族占3.0%，回、塔吉克、柯尔克孜、满、蒙古、藏、土家、乌孜别克等其他民族占0.2%，绝大多数城乡群众信仰伊斯兰教。

和田属干旱荒漠气候，年均降水量只有35毫米，年均蒸发量却高达2480毫米。四季多风沙，每年浮尘天气达220天以上，其中浓浮尘（沙尘暴）天气在60天左右。气候特点为春季多沙暴、浮尘天气，夏季炎热干燥。和田浮尘天气日数平均每年增加 2.5 天，月平均降尘量 124 吨/平方千米。由于全区范围大，面积广，不同地形、地貌条件下，生物、气候差异极大，大致可分为南部地区、绿洲平原区、北部沙漠区三种气候类型。河流季节反差极大，夏季洪水期洪涝成灾，秋冬枯水期严重干旱，春季极为缺水，4—5 月来水量仅占全年水量的 7%。此外，和田是全疆最温暖的地区之一。平原区年平均温度 11.6℃，在农作物生长的旺季 6—9 月，拥有非常丰富的热量，其中 10℃ 的积温为 4200℃，对本地区农业生产极为有利。无霜冻期（地面温度≥ -1℃，最低气温≥14℃）170—201 天；且温差大，有利于农作物光合产物的累积，可增加瓜果的含糖量和棉铃重量；少雨干燥，平原区年降水量为 13.1—48.2 毫米，年蒸发量达 2450—3137 毫米，干燥度大于 20。有利于晒制各种干果和棉花吐絮，不利于病虫害的发生。冬季降雪少，少阴天，从 10 月至来年 2 月阳光充足，适合发展设施农业。[①]

和田是我国光能资源较丰富的地区。太阳总辐射量大，平原区年总辐射量为 138.1—151.5 千卡/平方厘米，仅次于青藏高原，优于同纬度的华北平原及长江中下游地区。太阳总辐射量的分布为：南部山区显著高于北部平原区，平原区因浮尘引起的大气透明度不同，东部大于西部。光能利用的最佳时间是 6—9 月，光总辐射量达 61 千卡/平方厘米，占全年总辐射量的 42.7%。日照时数长，日照百分率大，全年日照时数达 2470—3000 小时，平原区自西向东递增，6—7 月份日照时数最多，2 月份最少，全地区年平均日照百分率在 58%—60% 之间，最高 84%。光质优越。同品种的果树、蔬菜，果实在本地区着色浓、色艳，品质一般超过原产地。

和田地区矿产资源和野生动植物资源丰富。目前已发现矿产 61 种，至 2006 年，已探明矿产资源储量的有：和田河气田，

---

① 摘自和田地区政府网站。

地质储量 616 亿立方米，可开采储量 445 亿立方米，煤炭可开采储量 2 亿吨，水泥灰岩储量 1 亿吨，玉石矿产储量 35 万吨，石膏 1.6 亿吨，石英 328 万吨，亚锰磁铁矿 28 万吨。野生动物主要有 21 种，属国家一类保护动物的有野骆驼、野牦牛、藏野驴、雪豹 4 等种；野生植物有 53 个科，193 个属，348 种，其中大部分为牧草饲用植物，也有部分特殊经济植物。

二 经济社会状况

和田地区古代有皮山、于阗、扜弥、渠勒、精绝、戎卢诸国。自西汉神爵二年（公元前 60 年）始，西汉王朝设置西域都护府，在西域都护府统辖之下，至此和田正式归属中国版图，成为祖国神圣领土不可分割的一部分。1949 年 12 月 22 日中国人民解放军十五团抵达和阗（今天的和田地区），和阗解放。1950 年改称和阗专区，1959 年改和阗为和田，1971 年改专区为地区，1979 年建立和田行政公署。和田是古代丝绸之路南道之重镇，是古代世界四大文明交流的枢纽。

和田地区 2016 年实现地区生产总值（GDP）236.33 亿元，按可比价格计算，比 2015 年增长 10.3%，增幅回落 1.3 个百分点。分三次产业看，第一产业增加值 64.41 亿元，增长 2.9%；第二产业增加值 36.51 亿元，增长 12.2%；第三产业增加值 135.41 亿元，增长 13.4%；分别拉动经济增长 0.8、1.9 和 7.6 个百分点。三次产业结构为 27.3 : 15.4 : 57.3。按户籍年平均人口计算，人均地区生产总值 9900 元，下降 3.0%，按当年平均汇率折合 1424 美元，比上年下降 149 美元。（见图 4 - 1）

和田地区科学技术和教育科技事业扎实推进。2016 年末全地区共有各类学校 1321 所，在校学生 53.85 万人，比上年增长 9.6%。其中，普通高等教育院校 4 所，在校学生（含成人学生）1.11 万人，下降 9.7%；普通中专（含职高）12 所，在校学生 2.64 万人，增长 4.8%；普通中学 153 所，在校学生 13.27 万人，

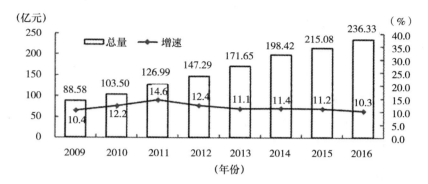

图 4 - 1   2009—2016 年地区生产总值及增速

资料来源：2016 年和田地区国民经济和社会发展统计公报。

增长 6.1%（其中，高中在校学生 4.08 万人，增长 30.3%；初中在校学生 9.19 万人，减少 2.0%）；小学 673 所，在校学生 25.21 万人，增长 11.1%；各类幼儿园 481 所，在园儿童 12.70 万人，增长 23.5%；特殊教育学校 2 所，在校学生 286 名，增长 18.2%。小学学龄儿童入学率 99.8%，初中学龄儿童入学率 99.9%。（见图 4 - 2）

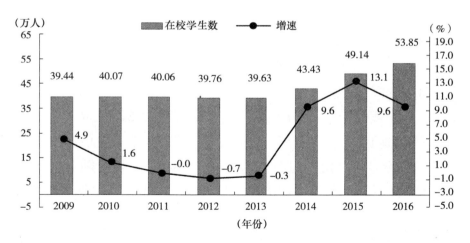

图 4 - 2   2009—2016 年全地区在校学生总人数及增速

资料来源：2016 年和田地区国民经济和社会发展统计公报。

卫生服务事业不断改善。2016年末各类卫生机构1739个。其中，医院65个（地区人民医院顺利通过三甲验收），乡镇卫生院及社区服务机构105个，疾病预防控制中心（卫生防疫站）9个，妇幼保健机构9个，卫生监督机构9所，采血机构1个，计划生育技术服务机构12个，村卫生室1424所，诊所、卫生所、医务室105个。按户籍人口计算，每千人拥有病床5.1张，每千人拥有卫生技术人员3.6人。（见图4-3）

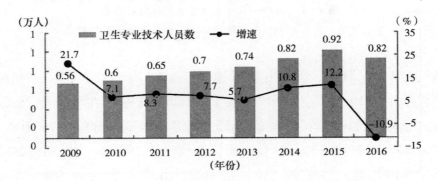

图4-3 2009—2016年卫生专业技术人员数及增速

资料来源：2016年和田地区国民经济和社会发展统计公报。

三 贫困现状分析

（一）贫困面广，贫困程度深

2014年，国家认定的贫困县的总数为592个，包含中部省份217县，西部省份375县，民族八省区232个（见表4-1）。和田地区所属的7个县和田县、墨玉县、皮山县、洛浦县、策勒县、于田县、民丰县（2016年已退出贫困县）均为国家扶贫工作重点县，和田市为片区重点县市，是全疆最贫困的地区。

2014年确定和田地区贫困村共1077个，占全疆贫困村总数的35.6%；扶贫对象18.7万户、70.35万人，占全疆扶贫对象总数的27.1%，占全地区农村人口的39.5%。（全地区2014年农业人口188万人）。贫困发生率高达40%，与国家2016年贫困发生率平均4.5%相比，高了近35个百分点。换句话说，和田地区农业人口中将近2/5处于贫困状态。

表4-1　　　　　2011—2016年全国农村贫困人口数据及发生率

年度	标准（元）	当年贫困人口减少（万人）	年底贫困人口（万人）	贫困发生率（%）
2010	2300		16566	17.27
2011	2536	4328	12238	12.70
2012	2673	2339	9899	10.20
2013	2736	1650	8249	8.50
2014	2800	1232	7017	7.20
2015	2855	1442	5575	5.70
2016	2952	1240	4335	4.50

注：数据根据国家统计局、国务院扶贫办网站公布数据整理。

（二）少数民族占贫困人口比重大

2016年末，和田地区户籍总人口为244万人，比上年末增加12.55万人，增长5.4%。其中：男性人口124.78万人，增长5.2%，女性人口120.20万人，增长5.6%。维吾尔族237.26万人，增长5.5%，汉族7.22万人，增长1.1%。汉族人口多数分布在城镇，少数民族人口普遍集中在农村和偏远山区，这其中贫困人口90%又在少数民族聚居区。（见图4-4）

其次，和田地区2016年全年人口出生率20.94‰，死亡率5.15‰，自然增长率15.79‰；而当年全国平均人口出生率为12.95‰，人口死亡率为7.09‰，人口自然增长率为5.86‰。城镇人口54.53万人，占22.3%；乡村人口190.45万人，占77.7%。以上数据分析可知，2016年该地区人口出生率高于全国平均水平8个百分点，人口自然增长率高于全国平均水平近10个百分点，人口的相对快速增长，在一定程度上，有可

图 4 - 4   2009—2016 年年末总人口及少数民族人口数

资料来源：2016 年和田地区国民经济和社会发展统计公报。

能会拉低当地贫困人口的平均生活标准，还可能直接造成人均耕地、人均生活资料的减少，使贫困人口的贫困程度出现上升的趋势。

（三）农村贫困人口收入水平低

截至 2016 年末，和田地区从业人员 115.65 万人，比上年增长 11.40%，其中：乡村从业人员 85.10 万人，增长 6.9%；非私营单位从业人员 11.89 万人，增长 8.4%。全年城镇新增就业 2.95 万人（稳定就业占 47.8%，灵活就业占 52.2%），其中，再就业 25767 人、困难家庭劳动力实现就业 2714 人、就业困难人员实现就业 3534 人、复转军人实现就业 98 人，城镇登记失业率为 2.9%。根据和田地区 2016 年经济社会统计公报显示，当年城镇居民人均可支配收入 24466 元，比上年增长 8.5%，略高于当年全国城镇居民人均可支配收入 23821 元；而农村居民人均可支配收入 6883 元，增长 8.5%，是 2016 年全国农村居民人均可支配收入 12363 元的 50% 左右，是新疆农村居民人均可支配收入 10183.2 元的 67%（见图 4 - 5、图 4 - 6）。可见，和田地区农村人口的贫困程度依然十分严峻。

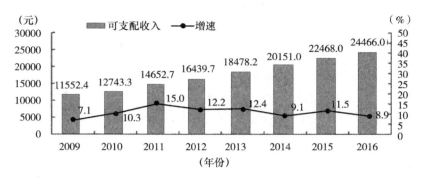

图 4 - 5　2009—2016 年城镇居民可支配收入及增速

资料来源：2016 年和田地区国民经济和社会发展统计公报。

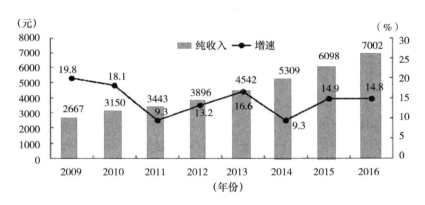

图 4 - 6　2009—2016 年农村居民人均纯收入及增速

资料来源：2016 年和田地区国民经济和社会发展统计公报。

（四）涉及生产、生活条件的基础设施投入不足

和田基础设施建设历史欠账较多、资金投入严重不足。例如，已建成的山区控制性水利枢纽工程还比较少，由于缺乏山区控制性水利枢纽系统工程，无法有效地对洪水进行调节、削峰，河道沿线洪水设防标准低，严重地威胁着当地居民的生命财产安全，农业灌溉制度也比较落后，大部分采用大水漫灌，滴灌节水技术应用较少。有许多贫困村不通水、不通电、不通广播电视，信息滞后，市场封闭，处于国内、区内市场经济的最末端，导致脱贫致富难度大。

此外，全区境内沙漠连绵、沟壑纵横。"出门靠双腿，东西

靠马驮，讲话听得到，见面要半天"，这是当地"出行难"的真实写照，也是制约贫困人口脱贫攻坚的重要因素。2010 年 12 月和田地区才开通火车，结束了新疆最南部的和田地区不通火车的历史，但目前仅有阿克苏—喀什—和田一条铁路通行，客货运输径路单一，与乌鲁木齐、内地间的交通联系非常薄弱。经沙漠公路距自治区首府乌鲁木齐市 1500 余公里，经喀什、阿克苏距乌鲁木齐市近 2000 公里，由于运距线太长，人流、物流成本相对较高，很大程度上影响了产业的发展和招商引资的效率。

（五）生存环境恶劣，易地搬迁任务艰巨

由于当地特殊的地理条件，相当一部分少数民族贫困人口世代居住在资源匮乏和地域偏远的沙漠区、高寒地区、缺水地区、偏远牧区和高寒病发生区。正如当地的一句谚语，"和田人民真是苦，一天要吃二两土，白天不够晚上补"，这句民谚是对当地恶劣生态环境的描述。

20 世纪 90 年代新疆维吾尔自治区和和田地区实施扶贫工作以来，为解决扶贫成本与经济社会效益"倒挂"现象，非常重视少数民族人口整体搬迁和插花式搬迁相结合，先后制定了一系列搬迁制度和重建计划，逐步推进异地开发，将易地扶贫搬迁与产业发展和增加就业有机结合，让易地搬迁的农牧民搬得出，留得住，能致富，目的是实现"搬迁一户、稳定一户、脱贫一户"。当然，南疆地区易地搬迁工作伴随着民族因素、避灾移民因素、产业发展因素等复杂条件，研究易地搬迁的价值与困境、移民自身发展能力的可持续性、面临风险及其规避策略等，也是一项非常重要的课题。

（六）贫困人口文化程度低，自我发展能力不强

贫困的真正含义是贫困人口创造收入能力和机会的贫困，贫困意味着贫困人口缺少获取和享有正常生活的能力。和田地区少数民族人口由于文化程度普遍较低，很多人不会用汉语，同时受到宗教的影响，导致运用先进技术带动生产生活的自我发展能力较差，获取和享有正常生活的能力整体不强，收入增长缓慢。特别是"贫困群体"收入中对政府补贴依赖性较大，一项调查显示，和田地区贫困人口的收入 1/3 左右来自于政府各类补贴,[①] 其次临时务工的收入是另一个主要的收入来源，而依赖传统农牧业收入的比例较低。

可见，政府的各类直接经济补贴和"被援助"措施在救助救济贫困人口生活方面发挥了直接的作用，但从长远看，可能导致贫困人口对政府补贴的过度依赖，一定程度上会影响贫困人口的自身发展能力，影响贫困地区经济发展和创新变革的动力。因此，在直接经济补贴的基础上，尽快推动产业扶贫、持续增加贫困人口固定收入是脱贫攻坚的长久之策。

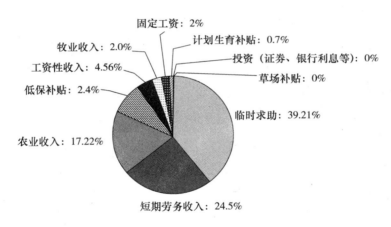

固定工资：2%
计划生育补贴：0.7%
投资（证券、银行利息等）：0%
草场补贴：0%
牧业收入：2.0%
工资性收入：4.56%
低保补贴：2.4%
临时求助：39.21%
农业收入：17.22%
短期劳务收入：24.5%

图 4 - 7　于田县贫困户家庭收入结构

第二节　精准扶贫的工作成效

一　扶贫脱贫目标

和田是集边境地区、民族地区、高原荒漠区、贫困地区于

---

① 该调查引用自 2017 年 3 月《黔南民族师范学院学报》中苏巴提·赛迪艾合麦提和王平所做的《和田地区民丰县、于田县精准扶贫调查研究——以脱嵌与再嵌入为视阈》研究。

一体的集中连片特困地区，也是新阶段国家和新疆扶贫攻坚的主战场。加快推进和田地区扶贫攻坚创新，彻底摆脱贫困局面，促进区域协调发展，关系到"稳疆兴疆、富民固边"战略的实施，关系到新疆经济社会发展和长治久安对维护民族团结、巩固边防，确保实现全面建成小康社会具有重大意义。

习近平总书记2017年在山西太原举行的深度贫困地区脱贫攻坚座谈会上指出："'十三五'的最后一年是2020年，正好是我们确定的全面建成小康社会的时间节点，全面建成小康社会最艰巨最繁重的任务在农村，特别是在贫困地区。扶贫开发工作进入啃硬骨头、攻坚拔寨的冲刺期，要把握时间节点，努力补齐短板，科学谋划好'十三五'时期扶贫开发工作，确保贫困人口到2020年如期脱贫。"①

为此，新疆和和田的有关政府部门在2014年、2015年贫困户、贫困村脱贫验收基础上（197个贫困村、脱贫48653户、199325人），按照2020年如期脱贫的时间节点科学规划，拟定了"十三五"期间和田地区的脱贫攻坚任务：880个贫困村、扶贫对象139697户504459人。其中，2016年完成244个贫困村、35810户、133824人脱贫，民丰县率先摘帽；截至2016年底，全地区还剩下636个贫困村，103967户、370897人；2017年计划完成244个贫困村、41505户、146385人脱贫，洛浦县摘帽；2018年计划完成191个贫困村、28342户、101601人脱贫，于田县摘帽；2019年计划完成121个贫困村、21110户、76416人脱贫，和田县、和田市摘帽；2020年计划完成80个贫困村、12930户、46233人脱贫，墨玉县、皮山县、策勒县摘帽。以上任务的分解，有利于政府部门、对口支援省市和有关

---

① 《习近平在深度贫困地区脱贫攻坚座谈会上强调强化支撑体系加大政策倾斜　聚焦精准发力攻克坚中之坚》，《人民日报》2017年6月25日第1版。

企业和社会团体按照年度时间表进行扶贫资源的合理分配，有针对性地完成扶贫任务。

此外，为了确保"十三五"解决 50.44 万人的脱贫问题，和田地区还对脱贫攻坚任务的类型进行了五类重点区分，即：通过发展生产和转移就业，实现 36.25 万人脱贫；通过易地扶贫搬迁，实现 1.3 万人脱贫；通过发展教育，实现 2.96 万人脱贫；通过生态补偿，实现 1.5 万人脱贫；通过社会保障兜底，实现 19.58 万人脱贫。

二　脱贫攻坚工作的实施情况

（一）立足产业发展和就业帮扶，助推脱贫攻坚

和田地区把产业脱贫和就业帮扶作为脱贫的主渠道，"十三五"期间预计通过此方式解决脱贫的人口比例可达到 70%。2016 年通过产业发展实现脱贫 7.6 万人，实现就业脱贫 3.62 万人。主要措施如下：一是充分利用各级政府的扶贫资金和补贴，大力帮扶贫困户发展改善生产设施。全年利用扶贫资金新建牲畜棚圈 11022 座、禽舍 12265 座、设施农业（拱棚）2106 座；补助安居富民房 372 户，发展特色种植 4882.3 亩、精品林果900 亩，发展地毯、刺绣、艾德莱丝等手工业 621 户；购牲畜 14万头（只）、家禽 130.5 万只。二是大力发展农产品加工业，带动贫困人口就业。全地区农产品加工企业达 746 家，全年销售收入 16.7 亿元，农产品加工企业支付劳动者报酬达到 1.7 亿元，解决了近万人就业。三是推进农林经济作物产业提质增效。加大林果标准化示范园创建力度，全地区完成人工造林 25.5 万亩、大田核桃嫁接 146.1 万株，创建林果标准化示范园 12.4 万亩。四是大力发展庭院经济。按照"宜农则农、宜林则林、宜牧则牧"的思路，坚持因地制宜、典型引领、合理布局，全地区通过发展庭院经济增加盘活土地 25.1 万亩，其中贫困户 9.4万亩。五是利用互联网销售平台，强力推进电商扶贫。全地区

已建成或正在建设的县市电子商务产业园区 6 个、电子商务综合服务中心 5 个。5 个国家级示范县，已建成乡级电子商务服务站和村级电子商务服务点 58 个，不同程度地启动了电子商务服务体系、物流配套体系、农产品生产体系的建设工作。2016 年，5 个示范县实现农产品网络销售额 8860 万元、农村网购金额 766.2 万元，新增网点数量 137 个，发展农村网民数量 2.32 万人。网络销售的农产品主要有红枣、核桃、大芸、麻糖、花酱等。六是大力发展乡村旅游扶贫。深入挖掘民俗风情、自然风光，积极创办农家乐等休闲项目，引导贫困群众通过旅游产业就业获得稳定收益。全地区已创建成功旅游示范乡 2 个，旅游示范村 4 个，星级农家乐 47 家，其中：5 星级农家乐 4 家、4 星级 6 家、3 星级 29 家、2 星级 8 家。七是加大培训力度，促进劳务增收。把就业作为最直接、最有效的脱贫措施，加大劳动技能培训力度，开展一户一人一技培训，落实就业扶持政策，帮助实现转移就业。2016 年全地区整合各类培训资金 9377 万元，开展各类培训 7.98 万人次，转移农村贫困人口 6.2 万人次。

（二）实施易地扶贫搬迁

易地搬迁是新阶段扶贫工作的一项重要内容，需与生态移民、减灾防灾、生产生活紧密结合起来，做到坚持实事求是、群众自愿原则，充分尊重民意。移民的新村建设要做到生活、教育、卫生、生产等配套设施基本完善，通水、通路、通电，儿童能够就近入学、生病可以就近就医，因地制宜发展新产业，使移民有稳定的收入来源。为此，2016 年全地区建设安置点 29 个，搬迁贫困户 1363 户、4500 人；建设住房 1363 套，总建筑面积 10.25 万平方米，户均 75.2 平方米，人均 22.78 平方米；配套建设 60—80 平方米棚圈 1044 座，20 平方米的青贮窖 769 座，温室大棚 480 座，鱼塘 121 个，鹅舍 61 座，葡萄产业园 129 亩。新建村委会 2 座、卫生院 2 所、小学教学楼 1 座、幼儿园 1 所、警务室 1 个等，确保搬迁户搬得出、稳得住、能脱贫。

（三）落实社会保障政策兜底

社会保障兜底兜的是农村建档立卡贫困户中无法依靠产业扶持和就业帮助脱贫，且无其他经济来源的家庭。这部分人大多属于贫中之贫、困中之困。正如调研中有扶贫办的同志所说，"脱贫路上不能落下一个群众，有生产条件的群众可以因地制宜、因人施策，鼓励他们自力更生摆脱贫困；但对于那些完全或部分丧失劳动能力、靠自身的条件没有脱贫可能性的贫困人口，要通过社会保障实施政策性兜底扶贫。同时在实施管理的过程中，要坚持应保尽保，公平公正，分类重点保障和动态监管"。为此，2016 年全区脱贫人口通过医疗救助和社会保障政策兜底 21768 户、47832 人，同时已按照"两线合一"的要求，将农村低保标准由 2332 元/年调整到 2855 元/年（自 2016 年 8 月 1 日实行，2016 年脱贫的民丰县按照不低于当年贫困线的标准，农村最低生活保障标准提高到 3026 元）。另外还对农村 2081 名无劳动能力的贫困人口，以乡为单位实行了集中供养。

（四）加大教育培训力度

治贫先治愚，扶贫先扶智。教育在精准脱贫中承担着神圣的历史使命。特别是在阻断贫困代际传递中，教育有着基础性和持久性的作用。另外，民族地区普遍社会发展程度低、信息闭塞、社会传统习俗观念深厚、群众思想观念落后、接受教育愿望较弱。正因为如此，在已有的扶贫成就基础上，必须面向未来，采取超常规政策举措，精确瞄准教育薄弱领域和贫困群体，实现"人人有学上、个个有技能、家家有希望、县县有帮扶"。

2016 年和田地区通过发展教育脱贫 7314 人。措施有：一是加大教育投入力度，努力改善农村办学条件，加强教师队伍建设，努力提升教育质量。二是积极推进双语教育，把双语教育贯穿各类学校教育始终，让贫困孩子上得起学、上得好学。加紧实施 15 年免费教育，落实 3 至 6 岁学前双语幼儿园教育。三是切实坚持以就业为导向，抓好职业教育。全年 20397 名学生享受免学费补助 6133.1 万元。四是整合各类资源，落实各项助学政策，帮助贫困学生从小学到大学完成学业，实现就业。全年 31331 名高中生获助学金 4517 万元，资助困难大学生 870 人；援疆资金援助和田籍大学生每人每年 6000 元。

（五）加大生态保护力度

着力提高贫困人群的环境保护意识，培育积极健康的生态文化，是推进绿色扶贫的重要前提。人对自然环境的价值判断和社会生产方式的价值追求，决定着人们对自然环境和行为方式的认知，进而形成一种行为习惯，并在日常生活中表现出来。生态文明意识决定生态文明行为。防风固沙、水土保持、石漠化防治是生态文明建设和推进绿色扶贫的重要内容。2013 年以来，新疆和和田地区两级政府在精准扶贫的过程中，围绕深入实施水土保持教育活动，通过多种形式的科普、展示和教育，唤起全社会特别是少数民族群众对沙漠化治理问题的关注与支持，逐步形成了全社会积极参与、共同治理的共识。

和田地区在生态建设中一方面抓节水工程，一方面抓防风工程。坚持节水与农业结构调整结合，与盐碱地治理结合，与退地减水结合，与体制机制创新结合；大力推进防沙治沙绿色生态工程建设，加强绿洲边缘、风沙灾害严重区域生态治理。2016 年将符合条件的地方公益林 912.61 万亩列入国家公益林补贴范围，逐步转移 2500 名贫困人口为护林员，并对全地区 3581 万亩草原享受新一轮草原保护补助奖励机制政策，实现生态补偿脱贫 2015 人。

第三节　对口支援和项目协作

对口支援和东西扶贫协作都是国家对边疆地区、民族地区、革命老区加大脱贫进程，实现共同富裕的战略举措，都是围绕扶贫攻坚，坚持精准扶贫、精准脱贫的主要内容。至于它们的运行机制，正如中央党校孔伟艳博士在研究制度、体制和机制之间的联系与区别时认为的，"机制有四种含义：一是机器的构造和工作原理，如计算机的机制。二是机体的构造、功能和相互关系，如动脉硬化的机制。三是指某些自然现象的物理、化学规律。如优选法中优化对象的机制。四是泛指一个工作系统的组织或部分之间相互作用的过程和方式，如价格机制、工作机制、激励机制、动力机制和监督机制等"。[①] 根据以上对机制的阐释，运行机制可以理解为一个系统组织，通过组织结构、运行流程以及与外界信息、能量的交换，实现组织目标和功能的方式和方法。东西部协作的对口支援运行机制主要是对口支援主体（援助方、受援方）之间通过产业转移、人才支持、科技对接等的有效组织与运行，实现贫困地区自我发展能力提高和区域产业体系构建的有效方式和方法。

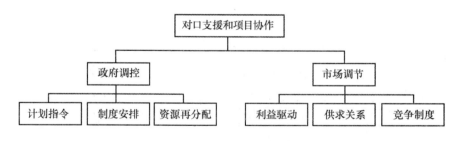

图 4-8　对口支援和项目协作运行机制

　　课题组通过在和田的调研和分析有关资料认为，现行和田地区的对口支援运行机制（见图 4-8）主要有两类，一类是以政府调控为核心的对口支援机制，北京市是对口支援和田的援

---

　　① 孔伟艳：《制度、体制、机制辨析研究》，《重庆社会科学》2010 年第 2 期，第 96—98 页。

助方。2010 年北京市专门成立了对口支援和田指挥部，负责与当地党委和政府的联系协调工作，统筹组织实施北京市在当地的项目建设、产业合作、智力支援等对口支援和经济合作工作。一类是以市场机制为基础的项目协作机制。例如，2015 年以来，北京纺织控股有限责任公司、北京光华纺织集团有限公司等企业与和田签约 7 个项目，总投资 20 亿元以上，有力推动新疆现代农业种植、农牧业产品深加工、纺织服装、新型建材、垃圾焚烧发电等产业发展。可见，以政府调控为核心的对口支援机制，主要以计划指令、制度安排以及资源再分配为主要方法，体现政府在促进区域协调发展、实施精准扶贫过程中的公平性、计划性和引导性。而以市场调节为基础的项目协作机制，主要以利益驱动、供求关系、竞争制度等为主要方法，体现科技合作和产业帮扶过程中市场配置各类资源的效率性、灵活性和竞争性。

一　以政府调控为核心的对口支援

这类运行机制的起源是支援方为了积极响应国家政治号召，尽快完成支援任务，基于自己现有的经济实力和科技教育资源而迅速向受援方提供援助的一种手段，通常以政府部门、公共财政支持的大学、科研机构、医疗机构等为主体，通过对口支援建设基础设施、科技创新项目、医疗教育项目等，推动贫困地区经济发展、民生改善，具体体现在对口支援的计划指令、制度安排和资源再分配等过程中。

计划指令，是指中央政府或上一级政府，通过会议、文件、行政命令等形式，要求行政管理部门、发达地区政府、国有资本的教科文卫单位等向民族地区或欠发达地区实施援助、援建、帮扶等行为。计划指令在对口支援的早期阶段是最为常用的方式，也是响应速度最快、实施启动最快的方法。如近年来中央召开的全国对口支援新疆工作会议、全国对口支援西藏工作会议、全国科教援疆工作会议等，中央领导同志都是在会议上发表重要讲话直接部署对口支援的内容、方式和定向援建单位，会后各相关省区市及有关部门在第一时间安排对口支援的内容和实施方案，充分体现了举国体制在援助民族地区建设，促进区域经济社会协调发展中的巨大优势。例如，2014 年北京援疆和田指挥部全年共实施援建项目 134 个，实际完成投资 13.28亿元，超额完成年度目标任务。其中保障援建的 31605 户安居富民、定居兴牧工程当年开工、当年完工；棚户区改造项目全部竣工交用，1133 户居民乔迁新居；通过教育培训提升就业、推进产业发展增加就业、招商引资扩大就业、制定政策激励就业等措施，全年为受援地新增近 4000 个就业岗位。

制度安排，是指执行对口支援任务的管理部门利用法律赋予的职能职责，通过制定有利于开展对口支援的宏观法律法规以及财政、金融、税收政策制度等，来激励、促进对口支援主体更好地完成援建、援助任务或合作项目。例如，2008 年国家民委、科技部、农业部、中国科协《关于进一步加强少数民族和民族地区科技工作的若干意见》明确提出，"加强少数民族和民族地区科技人才培养，提升自主创新能力；加强民族地区科技基础设施和服务网点建设，科技公共服务平台建设明显改善，提高科技信息服务能力；大力普及科学知识，推广先进适用技术，提高科技成果转化和推广能力；加强科技投入，扶持少数民族语言文字科普宣传品的翻译出版、广播电视网站的建设，建立更加广泛的科技传播渠道；加强少数民族科普工作队建设，建立科普工作的长效机制"。① 以上制度安排为相关单位开展对口支援指明了方向和支援重点。另外，科技部、全国自然科学基金委员会等在相关资助科学研究和技术研究的政策中，提出

---

① 详细内容参见 2008 年国家民委、科技部、农业部、中国科协制定的《关于进一步加强少数民族和民族地区科技工作的若干意见》。

对西部地区科研单位或个人独立申请，或以东部地区与西部地区相关单位合作申请的科研项目给予适当政策倾斜和资金倾斜。如此的制度安排在一定程度上都引导相应的科研人才、科技资源向西部地区、民族地区流动，巩固了对口支援的成果。

资源再分配，在对口支援实践中是指中央政府在全国公共财政收入及资源合理利用的基础上，通过公共财政转移支付、项目资源倾斜分配、科技人才定向培养等各种渠道直接促进现金、实物、人才、信息转移的一种资源再次分配过程。资源的再分配是中央宏观管理部门特别是教科文卫管理部门直接执行的任务，这也是与制度安排手段的区别，有利于民族地区加快发展民生事业，缩小与发达地区的差距。例如，《国务院关于实施西部大开发若干政策措施的通知》（国发〔2000〕33 号）中提出的"加大各类科技计划经费向西部地区的倾斜支持力度，逐步提高科技资金用于西部地区的数额；围绕西部开发的重点任务，加强科技能力建设，组织对关键共性技术的攻关，加快重大技术成果的推广应用和产业化步伐；建设西部地区远程教育体系，加强对农村基层干部和农民的科学文化知识教育培训"。2010 年，科技部出台支持新疆科技发展的政策措施，内容基本都是科技资源的再次分配。此外，科技部编制了《全国科技援疆规划（2011—2020）》，这也是科技部第一次编制援疆规划。以上资源再分配的手段体现出中央有关部门利用行政手段将有利于民族地区科技事业发展和创新体系建设的资源直接分配给了受援助地区，而国内的其他省份并不能享受到再分配的资源。同时，中央给受援地的资源转移传输渠道畅通，无中间障碍和环节，也有助于中央科技精神在民族地区的贯彻落实。

当然，以政府调控为核心的对口支援优点是支援方主动性强，财政资源、科技成果转移时间快，能够及时向受援方提供若干基础设施、人才和先进成果等。但支援方提供的援助项目与受援方的当地需求有可能不匹配，造成对口支援效率低下。

例如2017年北京市海淀区和和田市正式签署携手奔小康行动协议，提出按照"首善标准、发挥优势、精准扶贫、注重成效、政府主导、多方参与"的工作原则，推动对口帮扶和田市各项任务全面落地、取得实效。这一项内容支援方的出发点是好的，但可能由于双方在产业发展领域、技术发展阶段、区域风俗习惯等方面的差异，导致这一对口支援内容实际执行过程中效率降低，发挥出的作用有限。

二　以市场调节为核心的项目协作

以市场调节为核心的项目协作机制是基于受援方需求调研基础上的双方产业项目对口合作，突出了受援地区的主动性和平等性，强调受援地区所需的科技设施、人才和项目成果等，通过与支援方合作，能够很快将科技支援成果转化为当地经济社会发展的效益。支援方和受援方的高新技术企业、高校和科研机构是利用该运行模式的主体，其优点是双方科技合作的内容针对性强，效率较高，双方利益共享；其缺点可能是支援方利用自身的技术壁垒优势长期处于科技合作的有利地位，而受援方由于技术环境、人才和金融等科技服务体系不完善在技术引进和吸收过程中遇到障碍，有的甚至容易失败。科技对口合作运行机制的核心由利益驱动、供求关系和竞争制度等共同组成。

利益驱动，是指在东部发达地区企业、科研机构等与民族地区企业、科研机构的科技合作中首先考虑的都是如何实现最大利益，这也是市场经济环境下，企业作为独立主体的基本特性。在市场经济环境中，技术、资金、劳动力以及自然资源既是生产要素，又是市场上可供销售的产品，它们的供给与需求同样受到价值规律和市场经济规律的影响。发达地区企业与民族地区企业科技合作过程中，发达地区企业往往拥有技术优势，而民族地区企业占有自然资源优势和劳动力廉价优势。因此双方在利益的驱动下，发达地区企业希望通过技术转移、技术转让或技术持股等手段获取自身相对缺乏的资源或廉价劳动力，而民族地区企业更多是希望利用资源优势和劳动力廉价优势，掌握或共同研发一些适合开发当地资源的先进技术，增加产品附加值以及降低生产成本，产生经济规模效益。这样的科技合作基础是双方资源共享、创造出大于自身独立生产的价值，在此基础上实现利益共享。当然，根据市场经济程度的情况以及技术周期理论，拥有技术一方的企业还可以采用在民族地区直接投入设厂、委托生产经营等形式，在不转让技术的前提下实现新产品的本地生产，但是对于民族地区而言，这种形式对本地的经济发展仍然起到了极大的推动和促进作用。

例如，2015 年北京纺控集团与和田地区的战略合作主要包括两大内容，即纺织服装产业发展战略合作和建设柔性节能保温篷房生产基地项目合作。依据两个合作协议，北京纺控将在和田市北京工业园区内投资建立产业用纺织品生产基地，向和田地区乃至整个新疆、"一带一路"沿线国家推广可拆卸柔性节能保温篷房。该生产基地占地 276 亩，总投资额达 1.5 亿元，可以形成年产 2500 栋、产值 3 亿元以上规模的生产能力。此外，双方还将在推进重点投资合作项目落地、建立产业科技成果转化推广平台、建立两地纺织服装产品市场销售和会展平台、加强两地纺织服装人才交流培训、促进两地纺织服装协会的交流合作等方面开展战略性合作。北京纺控党委书记、董事长吴立接受记者采访时说："北京纺控在和田地区投资兴建产业用纺织品生产基地，可以说是顺应了北京市援疆工作的新要求，对于促进新疆和田地区的农牧业发展、扩大当地的就业具有重要意义，是我们做实产业援疆的一个有益探索。"据悉，该基地所生产的节能保温篷房，作为设施农牧业发展的重要内容，是一种具有高科技含量和核心专利技术的功能性产业用纺织品，节能效果好、占用土地少，在改善当地农牧业发展环境和保护生态环境上优势明显，尤其是通过项目的前期的推广和试点，已经受到了当地政府、农牧民的广泛认可和肯定。

供求关系（supply-demand relationship）属于经济学中的基本规律，是指市场经济中商品供给与需求之间的相互联系、相互制约的关系，它是生产和消费之间的关系在市场上的反映。在经济全球化、信息化的时代，一些自然资源、少数民族文化资源等逐步体现出全世界稀缺的状况，例如我国少数民族地区的医药、文化、服饰等，已经受到全世界的关注。在这样的市场需求环境下，民族地区政府以及企业都希望民族传统产业通过技术引进和技术创新，实现规模化、产业化生产，一方面满足全世界市场需要，另一方面可以为当地创造更多的经济价值和就业空间，造福少数民族群众。在这样的市场需求背景下，拥有技术开发优势的东部企业、科研机构也纷纷将投资领域、技术转移重点转向西部地区，特别是有独特资源的少数民族地区。例如，和田的玉石、矿产资源和民族服饰等都受到很多东部大型企业的青睐，甚至一些跨国公司也希望到民族地区进行投资。2015 年，九洲通医药集团股份有限公司投资 1 亿元在和田建立一家医药物流企业，北京环爱特科技有限公司将投资 15 亿元，利用三年时间建设一家花园式垃圾处理工厂。

竞争制度，在经济学上的意义是推动经济发展的基本动力。竞争通过市场来实现，市场是一种实施费用低、效率高的激励制度，市场对技术创新需求方的动力激励是通过竞争和市场结构来实现的。通常情况下，竞争存在三种理想状况，即完全竞争的市场状态、寡头垄断的市场状态、介于完全竞争和垄断之间的状态。根据很多经济学家的研究成果，大都认为"竞争的市场结构比垄断的市场结构更有利于影响成本的过程创新"[1]。

---

① Arrow K. J. , *Economic Welfare and the Allocation of Resources for Innovation*, Princeton：Princeton University Press, 1962.

在民族地区，由于市场经济发展较晚，有利于市场要素流动、交易的制度和中介体系还不完善，再加上民族地区人民竞争意识尚未形成，因此，竞争制度在现阶段对促进科技合作发挥的作用还非常有限。由于缺乏竞争，东部企业在技术合作过程中，经常都是把已经落后的技术、甚至淘汰的技术转移到民族地区，或者不把企业的所有权转让给民族地区，仅仅通过使用权的转移进行获利。鉴于当前民族地区竞争不充分的现状，建议民族地区政府部门要加强市场法制环境建设，营造良好竞争氛围。

三　发挥政府调控与市场调节的双重作用

实施对口支援和项目协作是为了尽快提升和田地区的经济社会发展和民生事业综合实力，为民族地区与全国同步进入小康提供内在动力和创新活力。提升发展实力，主要是引导科技资源、各类人才等创新要素向民族地区合理有序流动，使全国范围内存在的东西部地区经济发展"差序格局"演变为各具区域特色的创新发展"均衡格局"。在实现这一格局转变过程中，一方面，要发挥政府作为宏观调控者在引导各类资源向民族地区有序转移、营造良好创新创业环境、提供研发公共服务、构建新兴产业发展支撑保障体系等方面的关键性作用，同时又要防止过度行政干预，导致政府对微观科技运行的"越位"和"错位"；另一方面，要重视和充分发挥市场机制在各类资源流动和配置中的基础性作用，按照"开放、流动、竞争、协作"的科技合作原则，构建民族地区资源要素总量增长及结构优化的体制机制，促进引进的"科技链"与民族地区原生的"产业链、经济链"有机结合。

第四节　精准脱贫面临的现实困境

和田地区近年来以加快全面建成小康社会为总体目标，以改革创新为动力，以精准识贫、精准扶贫、精准脱贫为重点，坚持扶贫与扶志、输血与造血、治标与治本相结合，着力构建专项扶贫、行业扶贫、社会扶贫的"三位一体"大扶贫格局，精准扶贫工作取得初步成效。但在实践过程和调研中也发现一些问题，如贫困群体瞄准偏离、扶贫资金总量不足、项目管理条块分割、贫困人口参与程度低、帮扶单位急功近利等。

一　精准识别中"形式理性"和"正义理念"之间的矛盾

形式理性和正义理念是一切现代法律追求的基本特质，精准识别和精准帮扶也不例外。精准扶贫的根本目的是促进民族地区和贫困地区经济社会事业稳步发展，实质是保障贫困人口的发展权，实现公平正义，其实现手段是通过法律制度形式的规则、程序和具体条款。因此，在精准识别过程中，要将扶贫行为的价值追求和法条的形式理性进行调和，使两者之间形成互为表里的关系，内容和形式的关系。

当然，扶贫对象的界定是一道世界性难题，即便是美国这样的发达国家，其对贫困人口的识别也难免遭受诟病。[1] 经过调研，和田地区在建档立卡、精准识别过程中存在以下一些问题：扶贫对象建档立卡、贫困退出、享受政策、帮扶、档案资料"五类信息"不完整；农村重点人员家庭和违反计划生育家庭、档外遗漏贫困人口、返贫人口和自然增减贫困人口"五类人员"还需要进一步摸底调查；扶贫对象精准度、脱贫成效真实性、基础信息数据准确性、帮扶信息全面性、档案资料完整性"五类问题"需要进行再核实、再对档。从形式上和程序上，目前精准识别已经最大程度实现了正义。然而，程序理性可能并未

①　［美］安格斯·迪顿：《逃离不平等——健康、财富及不平等的起源》，崔传刚译，中信出版社 2014 年版，第 146—152 页。

与正义理念完全相匹配，主要表现在对于"临界"贫困户的识别困难方面。

根据目前的贫困线标准和识别程序，最穷困的贫困人口很容易识别出来，但是处在贫困线附近的农户，却难以确定是否符合贫困户的标准，能否成为被扶持对象。因为很多处于贫困标准临界的农户收入水平总体是差不多的，在实际工作中很难做出哪些人符合、哪些人不符合的决定，许多地方就会采取平均分配指标和扶贫资金的做法来应对这些冲突和矛盾。这样，很容易产生程序理性与实质正义之间的偏离。

产生这一矛盾的主要原因可能包括：一是识别任务繁杂与工作人员数量有限的矛盾。基层扶贫工作任务重，而扶贫人员数量又十分有限。据统计，2016年，和田地区及各县市扶贫办共有人员95人，在扶贫工作岗位上59人，抽调参加访惠聚、住村管寺、维稳、支教等共36人；全地区94个乡镇，负责乡（镇）分管扶贫工作的领导只有63人。可见，现有扶贫人员处于高度紧张的工作状态，长期疲劳作战，工作质量、效率均受到影响，业务繁忙与人手短缺矛盾凸显。此外，有些地方的精准识别工作经常与其他上级部门的考核评比任务在时间上相互重叠，部分工作队员经验不足多次登门拜访造成贫困人口不愿意反复填报等，都会影响入户识别阶段的工作进度。二是外出务工人员多，造成调查统计困难。在入户调查时发现很多已全家外出务工且多年未归的农户，家中建有住房或保留有宅基地，村中亲友不了解其近况，特别是对其外出务工的实际收入难以全面掌握，影响统计数据的精准性。三是部分群众参与积极性不高。一些地方经过工作组的宣传动员后，仍有少数农户对精准识别工作心存芥蒂，在工作队员入户调查时不配合、隐瞒家中真实情况或拒绝在评估表上签字。正因为上述原因，虽然精准识别工作严格按照程序进行，但是仍然有不少贫困户被排除在精准扶贫对象之外。

二　帮扶主体"功利主义"和少数人口"被动脱贫"之间的矛盾

精准扶贫工程启动以来，来自中央政府、自治区政府以及社会各界的各类资源对贫困地区的投入前所未有，扶贫热情前所未有。在这种形势下，部分基层政府特别是一些干部不同程度地形成了"贫困既是生产力，扶贫可以出政绩"的认识倾向。这种错误认识极易导致工作中的两个偏向。一种是搞运动式扶贫，制定时间表、任务书，把扶贫工作简单化。有些地方工作方法单一，不顾主、客观条件的制约，经常把扶贫任务层层分解转包，并不断压缩脱贫时间，甚至不计成本弄虚作假，打乱原有的扶贫规划、计划、组织程序和工作规程，过度致力于早出扶贫政绩和成果。另一种是坐等扶贫的倾向。和田地区的很多偏远贫困农村，平常维稳任务相对较重，一些部门和干部在精准扶贫上由于认识存在偏差和业务能力不足，习惯于"等政策、要资金、靠项目"，分钱、分物、分项目，难以在发展产业、激活市场、提升科学文化素质方面有所作为。在调研中，我们发现还有少数地方安心于戴上"贫困"的帽子，坐享本轮精准扶贫的红利。

还有一方面需要注意的问题，作为扶贫对象的贫困人口"坐等靠要"的现象也越来越突出。在实际工作中，一些群众逐渐看出"门道"，将精准扶贫当作自己坐地获益的机会加以利用，甚至认准政府（官员）需要他们来完成扶贫任务。"精你的准、扶你的贫，拿我的钱"已成为许多贫困人口心照不宣的真实心理。少数群众认为政府开展精准扶贫是面子工程，对下乡开展的扶贫项目冷眼旁观，不予配合，甚至编织谎言骗取资金，不愿摘下贫困的"大帽子"，一心只等天上掉馅饼，使当地的扶贫工作进展困难。更有甚者，一些人没有把国家的扶贫资金用来谋发展，而是用来挥霍享受。这就使国家制定的扶贫政策在实施中大打折扣，难以取得预期的效果，反而形成了越扶越贫、越扶越懒的恶性循环，且极大地浪费了扶贫资源。

三　扶贫项目条块分割管理与整体投入合力不足之间的矛盾

笔者在调研中发现的一个问题是，目前普遍采取的是专项扶贫和社会扶贫相结合的形式，扶贫资金跟着项目走，而项目属于不同的部门进行管理，造成了扶贫工作在基层的条块分割管理，无法形成强大合力。例如，和田地区基础设施建设力度还需要加大，通过摸底 2017 年全地区要退出的 244 个贫困村，未通水的贫困村有 62 个，农田用水需要配套渠道 1888 公里；未完全通电的贫困村 11 个；未完全通公路的贫困村 24 个，涉及入户道路、修硬化路 2178 公里；未通广播电视的贫困村 3 个，未建标准办公场所的贫困村 19 个，村集体经济收入未达到每年 5 万元以上的村 95 个，未建标准化卫生室的村 36 个，未建文化室及配套设施的村有 66 个，未建文化体育活动场所的贫困村 80 个，未建惠农超市的贫困村 166 个。这 244 个贫困村要顺利退出，不仅需要持续加大投入力度，还需要各级政府和行业部门相互支持配合、形成合力，多管齐下建设贫困村基础设施。

另一方面，项目落实过程中也存在安排不精准的问题。个别县市未完成 2016 财政专项扶贫资金项目，存在资金滞留现象；同时有些县、乡镇项目档案仍未建立，项目资料杂乱无章；项目档案贫困村无备份，部分村干部对扶贫项目档案一无所知，极易将扶贫资金项目与其他项目混淆；个别县市对实施的项目后续跟踪管理不到位，棚圈、鸡舍、鸽舍、地毯架等项目大量闲置，国家资产浪费较严重；项目难以按计划产生效益。部分县市项目前期调研不精准，在项目落实后使用率不高、效益不明显，不能确保扶贫项目持续和有效发挥效益。有些县市资金管理不严，"以拨代支"现象仍然存在。

造成扶贫项目条块分割管理与整体投入合力不足的原因有

以下方面：一是行业扶贫重点投向联系片区或扶贫联系点，缺少对整个行业扶贫资源的统筹考虑；社会扶贫相对松散，与行业扶贫、专项扶贫的配合不够，难以形成精准扶贫的社会合力。二是支持和规范各项资金投入、分配、使用和管理的政策和制度缺乏沟通衔接，各部门在扶贫中的分工和配合机制没有有效形成。三是在地区政府层面没有从源头上对各类资金进行整合和绩效管理，各县市的扶贫工作通常是各自为政、缺乏合作，尤其是扶贫资金和项目管理存在分配不透明的现象，各部门对所辖项目或资金以及使用效果讳莫如深，自然也谈不上与其他部门共享信息。四是扶贫专项资金对贫困户的支持和贫困户对各类金融产品和金融服务的需求有较大差距，大部分商业性金融机构因贫困人口偿贷能力较弱而不愿意提供相应的贷款和金融服务，使得扶贫资金的付费筹集很难实现。

四　产业帮扶的脱贫效益与贫困人口直接受益之间的矛盾

产业是区域经济发展的重要基础和增加当地人口收入的有力支撑，产业扶贫对于促进贫困地区经济发展和贫困群众增收有着十分重要的作用。在扶贫开发中，和田地区从实际出发，大力推进以特色林果业、资源型工业、民族和旅游、劳务经济等为主的产业扶贫，并根据自身自然条件、要素禀赋、经济水平等方面的差异以及市场变化特点，积极探索创建多种产业扶贫新模式，在提高扶贫开发质量和效益方面取得了明显成效。和田地区始终把发展产业作为脱贫致富的主渠道，因地制宜，精准施策，以产业发展带动精准脱贫。例如，2017 年整个地区到位财政扶贫资金 13.75 亿元，帮助贫困户发展增收产业，覆盖 279 个贫困村，扶持贫困户 48763 户；推进林果业提质增效，重点在 183 万亩核桃、89 万亩红枣以及葡萄、杏子、石榴等精品林果上加大标准化示范园建设力度，着力提升经济效益；全地区通过发展庭院经济盘活土地 25.1 万亩，其中贫困户 9.4 万亩；推进电商扶贫，启动电子商务服务体系、物流配套体系、农产品生产体系建设，新增网点数量 137 个，发展农村网民2.32 万人。

但是，目前在产业化扶贫的政策效果上存在一些认识分歧。有人认为，把扶贫资金投放到以追求利润最大化为目标的企业身上，有可能会使扶贫的目标发生偏离，特别是在深度贫困地区，扶贫资金比较稀缺，直接帮助贫困人口发展家庭经济或个体农业、手工业可能更为直接，而发展特色产业可能在短期内会降低扶贫资金向贫困人口转移的效率。还有人认为，无论贫困农户发展种植、养殖项目还是旅游等服务性项目，都需要较长时间的培育和发展，对近期利益的追求可能导致短期行为。分散的资金发挥"脱贫效应"一般需要一定的周期，少则一两年，多则三四年，这是由产业发展的规律决定的，而这种情况可能会影响地区扶贫年度目标的实现。

因此，在产业帮扶的过程中要充分协调发展大企业和直接到户帮助的关系。既要根据当地实际情况，帮助贫困户发展农业生产和通过劳务输出，增加非农业收入，尽快解决温饱问题和"两不愁、三保障"；又要积极对接市场，发展"龙头企业 +合作社 + 基地"模式，建立"企业 +""新型经营主体 +"的多元化发展模式，扩大了扶持覆盖面，增加了受益贫困群众，形成了可持续的有效的联农带农扶贫新机制。

五 贫困农村"空心化"与脱贫任务艰巨性的矛盾

随着城镇化的快速推进，农村人口大量向城市转移，人口空心化的现象逐步演化为人口、土地、产业、服务、文化和基层党组织建设整体的空心化，一些农村经济社会陷入整体性衰落与凋敝。换言之，由于教育、文化、技能等因素影响，农村贫困人口出现了向城市转移的趋势，但并没有真正摆脱贫困。在这样的背景下，农村空心村的出现，必然导致农民组织化程度普遍较低、产业发展的环境较差，难以适应整村推进扶贫和发展现代农业的需要。更为严重的是，它导致各项精准扶贫的政策措施难以落实到基层，形成了脱贫攻坚"最后一公里"的巨大障碍。

另外，还值得引起重视的是农村基础设施和投资环境基于历史因素和地理环境制约，长期城乡二元结构导致的社会多数优质资源配置于城市，农村地区的经济发展、居民生活、村容村貌等长期处于落后状态，公路不通，水电不通，无疑会增加扶贫开发的成本。在这种情况下，如果土地、税收、金融等方面没有给予较多的优惠政策，通过利益激励机制来降低投资风险，提高投资回报率，大量的工商业资金、民间资本是不可能投入到农村扶贫开发的。

一些"空心"村的村委和驻村力量在扶贫方面发挥发挥作用有限。调研中发现，贫困村基层组织建设的整体情况仍然薄弱，特别是在班子建设、队伍建设方面，问题尤为突出。在加强基层组织工作方面，新疆实施的"访惠聚"工作很有成效，高度重视群众工作，扎实做好各级干部驻村包村入户包户工作，坚持每日入户走访，实时动态掌握群众生活状况、思想状态和困难诉求，对协助村（社区）"两委"持续整顿软弱涣散基层党组织起了重要作用。但在抓稳定与抓扶贫工作有机结合方面缺乏统筹和合理安排，面对繁重的脱贫攻坚任务，有些帮扶部门、单位及"访惠聚"工作组没能全程参与扶贫工作，村支两委应该发挥的组织阵地作用和党员干部应当发挥的先锋模范作用没有凸显出来。

第五章　精准扶贫的对策建议

第一节　基本理念：保障扶贫人口的合法权益

马克思在对法的基本特征论述时指出："法的关系根源于物质的生活关系，法不过是一些生产的特殊方式，并且受生产的普遍规律的支配。"[①] 此外，探寻法律制度的指导思想和理念还可以追寻到德国古典哲学家和新康德主义学派的一些学者，如施塔姆勒和拉德布鲁赫等。施塔姆勒从法律的概念（the concept of law）出发分出了法律理念（the idea of law），"法律理念乃是正义的实现。正义要求所有的法律努力都应当指向这样一个目标，即实现在当时当地的条件下所可能实现的有关社会生活的最完美的和谐。这种和谐只有在将个人欲望与社会目标相适应时方能得到"[②]。拉德布鲁赫进一步指出了法律概念与法律理念的差别，提出"法律是一个有意识服务于法律价值与法律理念的现实，除了正义，法律的理念不可能是其他理念，我们有权坚持正义，把它作为终极出发点，因为正义就像真、善、美一样，是一个绝对的价值，也就是说，不可能从其他价值中推到

[①] 《马克思恩格斯全集》第 42 卷，人民出版社 1963 年版，第 121 页。

[②] ［美］E. 博登海默：《法理学：法律哲学与法律方法》，邓正来译，中国政法大学出版社 2004 年版，第 176—180 页。

出来的价值"。① 这些经典理论给我们启示，研究一个领域的法律制度、对策建议首先需要从价值导向、基本原则等深层次理念进行思考，在确定制度的目标导向后，再构筑形式、文字和逻辑意义上的制度和政策，当然精准扶贫的制度措施和对策建议也需要厘清其理念，因为"法律之理念，为法律的目的及手段之指导原则"②。那民族地区实施精准扶贫的理念是什么呢？笔者认为至少应该遵循民族地区发展规律和脱贫攻坚的一般特征，即包括"民族本位""国家适度干预"和"形式理性和正义"等。

一　民族本位理念

民族地区实施精准扶贫研究首先应该强调"民族"在其中的重要意义和对政策措施的影响，尤其是在和田地区，少数民族占到98%左右。笔者认为民族本位理念应该包括两层含义，一是重视地理意义和行政区划上的民族地区，主要是指少数民族群众聚集的地方经济地理特征、资源禀赋以及生态特性等自然物理特征；二是重视社会意义和文化特征上的民族特性，主要指少数民族群众在精神文化传承过程中保留下来的具有独特自己历史和行为烙印的区域社会特征，通常体现在一个地区的人们对客观世界的主观认识和改造活动不同于其他地区的独特思维和行为方式。

强化精准扶贫和对口支援政策措施要尊重民族地区的自然物理特征的原则体现了马克思主义方法论和实事求是的基本要求。和田地区大都分布在高原、丘陵和沙漠，同时也是生态脆弱地区和生态敏感地区，是我国生态可持续发展的重点保护区

---

① ［德］G. 拉德布鲁赫：《法哲学》，王朴译，法律出版社 2005 年版，第 31—32 页。
② 史尚宽：《法律之理念与经验主义法学结合》，载刁荣华主编《中西法律思想论集》，台北：汉林出版社 1984 年版，第 260 页。

域。因此，在当地开展产业扶贫和项目建设，应该科学认识民族地区的自然特征和生物特性，在保障当地生态环境不被破坏的前提下，开展农牧业生产和经营，民族地区发展的高新技术产业也要有利于民族地区自然资源的合理有序利用，注重人与自然的和谐发展，不能以牺牲环境为代价发展高科技。此外，要把引进科技、教育、人才作为民族地区增强可持续发展能力的重要手段和保障，当地经济社会发展模式要坚持整体和系统的观点，努力将扶贫开发事业作为提升经济质量、改善少数民族群众民生、促进社会和谐和生态文明建设等各方面发展的支撑性因素和关键要素，而不是简单地将扶贫开发作为经济发展的一个分支。当然，强调民族本位主义，也要防止功利主义和民族中心主义，因为"对于每一个人来讲，土地都应当最大限度利用以产生最佳效益和财产，所以没有人会考虑资源的持续能力问题"。① 传统的法律制度和政策往往只注重解决局部、微观以及人与人的社会关系问题，而对于可持续发展、整体长远发展和人与自然关系则关注不够。

强化精准扶贫和对口支援要尊重少数民族群众的主体特征和文化特性体现了马克思主义"人民是创造历史的主体"观点和"以人民为中心"的发展理念。民族地区脱贫攻坚的重要目标就是实现少数民族群众对物质和精神的需求满足，以此不断来增加社会总体利益的总量。这样一个逻辑关系将扶贫脱贫事业与人紧密联系在一起，也启示我们在精准扶贫的制度设计过程中，要把少数民族群众的利益与扶贫脱贫政策有机联系起来，通过制度将精准扶贫对人类自身发展的正能量充分发挥出来，利用法律把因贫困对人类造成的负面风险压缩在最低程度。切勿将少数民族群众的利益与扶贫工作隔离开来对待，把脱贫作

---

① 转引自方乐《可持续发展与法律价值的完善——中国法制可持续现代化的路径探究》，《法学论坛》2005 年第 1 期。

为单一目标，这不仅不能有效地促进民族地区全面可持续发展，可能还会损及少数民族群众利益，甚至遭到民族群众的抵制。

二　政府适度干预理念

所谓政府适度干预是指公权对市场及其主体的干预要有限度，要考虑公权的能力以及市场的需求等。① 政府适度干预的理念是在凯恩斯主义揭示市场失灵及政府干预必要性后逐步成为行政法、经济法的指导原则。对于市场失灵的表现，经济学家论述颇多，斯蒂格利茨将其描述为公共产品、外部性、垄断尤其是自然垄断。② 考察政府间精准扶贫成效和企业间扶贫项目合作的现状，仅靠市场机制来调节扶贫资源配置至少存在以下不尽如人意的地方，主要表现为：（1）先进技术垄断。如果没有法律规定技术发明、专利的保护年限、转让方式等，直接后果是导致技术优势方充分利用技术壁垒阻碍技术扩散和传播，抑制社会整体创新，损害社会公众整体利益的福利。（2）协调组织效率低下。在深度集中连片贫困地区，精准扶贫日趋呈现精细化、复杂化、系统化特征，仅靠当地政府及少数企业组织实施的时代已经一去不复返了，国家动员、社会参与以及国际合作相互作用成为脱贫攻坚的重要推动力，因此各级政府对扶贫事业的财政支持、转移支付的有效保障变得非常重要。（3）外部性问题。外部性是指市场参与主体不需要承担其行为引发的社会不良后果，或不能获得应该属于他的某些利益情形。如生物技术发展引发的社会伦理问题、信息技术对个人隐私的侵犯等，这些高新技术产业发展带来的负外部性如果没有适当的国

---

① 李昌麒：《经济法理念研究》，法律出版社 2009 年版，第 190—192 页。

② ［美］约瑟夫 - E. 斯蒂格利茨：《政府为什么干预经济——政府在市场经济中的角色》，郑秉文译，中国物资出版社 1998 年版，第 69 页。

家法律干预，必将起到对更多利益者实施不良行为的激励作用。（4）市场运行成本。如果政府不通过提供具有社会公益性的技术成果转化平台、科技金融平台、产学研合作平台等，企业在贫困地区投资建厂、寻求科研合作的非生产性支出将大大增加，过高的交易费用会影响企业参与精准扶贫的积极性，长远看也影响着民族地区自主发展能力的建设和创新能力的提升。

但是，在规范政府参与精准扶贫的具体行为方面，法律制度要着眼于政府干预行为的最佳适度和合理规范，通过对政府干预权的依据、范围和边界认定，干预行为、程序保障和法律责任等方面的严格限定，来实现政府提高整体脱贫工作效率的使命，从而形成一套内容上不同于行政法的政府干预扶贫脱贫运行的中观法律制度系统，并作为民族地区实现自我发展的制度体系中的一个重要组成部分。

三 形式理性和正义理念

形式理性和正义理念是一切现代法律追求的基本特质，制定精准扶贫的相关制度也不例外，其根本目的是促进民族地区自我发展能力的提升和经济社会事业的可持续发展，实质是保障少数民族群众的发展权，实现少数民族的公平正义，其实现手段是通过法律形式的规则、程序和具体条款。因此，在政策制定和相关制度实施的过程中，要将政策的价值追求和实践操作的形式理性进行调和，使两者之间形成互为表里的关系、内容和形式的关系。一方面，在制定有关制度和政策的过程中，要把帮助贫困人口脱贫、保护少数民族的发展权、提高少数民族群众科学文化素质作为价值目标，使其始终制约着政策规则的形成和实施；另一方面，保障民族地区贫困人口发展权的道德评价、政策引导和责任约束需要内化在相应的政策制度中，否则制度就可能丧失其起初的意义和价值。

我们进一步考察目前一些精准扶贫制度和政策的形式理性，

由于其调整的社会关系具有全局性、公共性和专业性等特征，以及需要平衡多方利益主体之间关系，遵循传统法律制度"假设、行为特征、后果"的逻辑结构之规范性条款很难实现预设的价值目标。因此，笔者认为制定相关法律制度在形式理性方面至少有以下几个特征：一是标准性规则明显多于规范性规则。更准确地说，政策法律化成为趋势，很多政策性语言会大量出现在法律制度中。正如有学者指出的"政府借助法律公开参与社会财富分配，法律越来越担当着政府推行某种政策的工具"①。二是精准扶贫和对口支援法律制度的责任追究机制具有复合性和独特性。由于精准扶贫和对口支援的过程中涉及政府、企业以及科技工作者个人利益，同时又可能包括知识产权、金融、人身意外等内容，所以复合适用民事责任、行政责任和刑事责任成为常态，另外如通过窃取他人专利获利后的惩罚性赔偿等属于特殊领域中较为独特的责任追究形式。三是执行和救济形式需要专业性机构辅助。由于对口支援中的一些合作项目具有专业性、创新性等特征，在执法和救济的过程中，需要第三方专业鉴定结构（如行业协会、全国性学会、科研鉴定机构）给予配合执法，或诉讼过程中提供专业意见给司法机关裁定参考。

至于正义理念，精准扶贫和对口支援法律制度的理论依据应该追溯到美国政治哲学家、哈佛大学教授罗尔斯提出的"差别原则"理论。他认为，"在政治领域平等自由原则下，在确保财富增长和收入机会平等的前提下，主张对社会中受惠最少者给予差别待遇，在经济利益和机会方面给予倾斜性配置"②。所以，精准扶贫和对口支援法律制度正是基于少数民族群众在经

---

① 信春鹰：《后现代法学：为法治探索未来》，《中国社会科学》2000 年第 5 期。

② ［美］罗尔斯：《正义论》，何怀宏等译，中国社会科学出版社 1988 年版，第 56—58 页。

济发展和机会均等方面由于受到地理、人文、历史等客观因素影响，在现阶段由于享受的成果较少，而需要利用法律、政策等工具给予倾斜性配置，最终实现少数民族与汉族同等享有经济社会发展的权利和机会。

第二节　政策导向：激发精准扶贫的内生动力

所谓政策导向，通常是指通过政策的设计、制定和执行，协调和规范人们之间的社会关系和资源分配关系，从而进一步引导支配人们或组织的行为。换言之，政策导向是规范行为的外在制约机制，它一旦制定形成，就意味着人们的意愿上升为组织的意志，具有权威性。精准扶贫政策作为新时期党和国家为坚决打赢脱贫攻坚战，确保到2020年所有贫困地区和贫困人口一道迈入全面小康社会而制定的行动准则，各地区在制定过程中必须考量经济新常态下扶贫资源优化配置和贫困地区人口全面发展的战略性安排，并发挥正向激励作用。

一　强化扶贫政策的公平性

长期以来，扶贫识别依据单一贫困线把住户"一刀切"地分为了贫困户和非贫困户，于是造成了现实和潜在的双重公平性问题，贫困线附近的贫困边缘住户由于贫困政策简单且有限覆盖，可能造成一定时间内明显的发展差异。特别是在一些少数民族地区，除了边缘贫困户的问题外，还出现了贫困县、村之间因扶贫投入的巨大差异，出现了另一种潜在不公平。对此，在改革精准扶贫识别、投入等"一刀切"现状基础上，建议完善区域投入差异协调机制作以保证扶贫脱贫的现实公平性。

一是推动单一的绝对温饱贫困线向绝对、相对两级贫困线制度转变。建议民族地区根据自身贫困现状，适当研究当地贫困线设置的调整方案，可以参考当地人均可支配收入的一定比例（国际惯例为 40% 至 60%）设立本地区的相对贫困标准线作为贫困户的扶贫开发线，并在此基础上将现有的绝对温饱线与农村低保线实行"两险合一"作为社会救济兜底线。此外，有学者研究表明，农村家庭贫困的分布存在明显的民族差异，农村少数民族家庭的贫困发生率显著高于这些地区农村汉族家庭的贫困发生率。[①] 因此，在民族地区制定扶贫政策时，要充分考虑因为民族因素可能导致的贫困人口收入差问题和投入效益问题，进一步做好民族地区贫困户的住户调查，结合农户收入情况以及"四看法"（一看房、二看粮、三看劳动力强不强、四看有没有读书郎）指标进行实事求是的普及调查。

二是建立地区投入差距协调机制。建立有效扶贫资源整合机制的关键在于项目决策权的下移，建立市一级的扶贫资金投入差距协调机制和以县为中心的扶贫项目实施平台。县级扶贫管理部门根据项目库上报项目，市一级政府扶贫工作办公室会同财政部门根据项目核定年度扶贫资金额度和主要建设内容，做好项目可行性研究报告和项目实施方案，经专家进行项目论证及年度综合平衡后由县及有关单位负责实施。另外，要使上级资源供给部门、援助单位的经济投入转变成贫困地区统一的社会公共利益，从而使某一资源要素的单一功能和其他资源要素的辐射功能联结起来，形成贫困地区经济社会发展中协调的功能体系。发挥好扶贫开发领导小组的协调作用，使得各级扶贫部门可以有章可循，按照"渠道不乱，用途不变，各负其责，各记其功"的规则，充分肯定各部门的贡献，充分调动各部门的积极性。特别是对村级班子建设、人畜饮水、农田基建、财政扶贫资金投入、信贷扶贫资金投入、项目村小学维修和修建、小流域治理、科技扶贫、扶贫产业化、少数民族地区整村推进

---

① 刘小珉：《民族视角下的农村居民贫困问题比较研究》，《民族学研究》2013 年第 4 期，第 38—39 页。

工作等任务，分别落实到有关部门，在整村推进平台上进行整合，形成整体实力，发挥整体效益。

三是加强扶贫人才的培养。扶贫人才指能够在特定贫困地区经济、教育、科技、文化等领域推动扶贫工作的专业型、复合型人才。从扶贫人才来源视角划分，可以说贫困地区内部人才培养是推动扶贫工作的核心和基础，包括贫困地区高等院校毕业生的引进和培养、基层村（社区）干部的选拔培养、劳动力人口素质的提升等；贫困地区外部扶贫人才引进是加快扶贫工作的助推器，包括对口支援部门指派的专业技术型、复合管理型人才和致力于贫困地区发展建设的投资经营型人才等。为此，一方面，针对内部人才培养开展需求调研，深入了解贫困地区、不同岗位基层扶贫干部的培训需求，科学设计培训内容，深入开展扶贫开发理论政策培训，系统学习精准扶贫的基本理论、方针政策、实践规律、国际经验等内容，特别是围绕扶贫规划制定与实施、项目资金管理、区域经济发展、新农村建设、特色产业开发、农村电商扶贫、驻村帮扶、动员社会力量参与扶贫、科技创新、对外开放、"放管服"改革、基层社会治理等扶贫开发业务知识和实务技能开展针对性培训。另一方面，针对外部人才，发达地区在对口帮扶过程中，可以选择民族地区的职业学校结合区域产业发展实际，通过托管、互派挂职干部、专业带头人和教师帮扶等形式，帮助建设特色专业和示范性职业教育实训基地；同时通过开展教师培训、专业诊断、创新成果转化、教学内容更新指导等工作，帮助对口州（市）有关单位提升服务地方经济社会发展的能力。

二　增强扶贫成效的可持续性

在扶贫开发的攻坚阶段，政府的扶贫考核与指令是扶贫的核心机制动力，且很大程度上决定了扶贫资源投入的力度及流向，因此考核指令推动的扶贫往往变成"输血"而非"造血"，造成扶贫成效不可持续。这正是当前精准扶贫的一个挑战，但与以往不同的是，目前少数民族地区得到了中央有关部门、东部发达地区、企业界等多方在扶贫资源上的空前支持。因此，民族地区在用好现有扶贫资源的基础上，关键是增强长期扶贫投入保障机制，确保贫困地区 2020 年为建设社会主义现代化奠定发展基础。

一是做好产业、科技、教育扶贫等多维扶贫治理，夯实返贫治理基础。民族地区在精准扶贫、对口支援过程中的一项重要任务就是学习先进地区的产业政策、科学教育制度等，把创造、保护、运用和管理新知识、新业态和新产品提高到重要战略位置，根据民族地区发展的时代特征和区域特点，制定和完善与其相适应的法律法规体系和政策支持体系。例如，通过学习和借鉴，强化民族地区知识产权的保护意识，深化权利保护内容，尤其是尽快完善与民族文化相关的服饰、旅游、生态等科技创新产品的商标权、专利权和版权扩展到包括计算机软件、集成电路、生物技术等在内的多元对象；完善知识产权交易制度，引导民族地区的科技咨询、科技成果转让以及技术中介等活动市场化、组织化、规模化，促进知识和技术在区域内加速流动。另一方面，要结合目前民族地区发展现状，加强与国际专家、学者的交流与合作。例如，目前我国保护少数民族物质文化、精神文化的手段和方法还比较单一和落后，而国际上利用纳米技术、信息采集技术以及激光技术等对传统少数民族文化的保护和开发相对比较先进和完善。因此在与国际同行交流时，有必要重点研究他们在利用现代科技手段保护民族文化领域的法律制度和激励措施，为我国少数民族地区保护和传承文化积累经验。

二是加大新型职业农民培训力度，切实提高贫困人口的自我发展能力。为确保农村贫困人口彻底地摆脱贫困的有效方法就是提升农村贫困人口的自我发展能力，主要包括培养基本生存职业技能、基本科学文化素养、增强农村基层组织管理能力三个方面。农村职业技术教育发展一方面应与农村发展项目相结合，与农村经济发展需求相结合，与农村人口素质相适应，提供适合农村社会发展需求的实用技术培训内容；另一方面应依据劳动力市场需求，根据二三产业的技能要求，有目的地进行适岗定训，推动农村劳动力的转移就业由体力型向技能型转变，力争把接受培训的农村劳动力"送出去"。完善农村科技教育、传播与普及服务组织网络，依托农业技术推广机构、农民专业合作组织、龙头企业等发展农村基层科普组织，对农村党员、基层干部、骨干农民、科技示范户、农民合作组织负责人以及农村各类实用人才开展科普工作培训，发挥大学生村干部、科普志愿者的科普宣传、科技咨询服务作用，开展带领农民和贫困户发展农业生产，繁荣农村经济，培养一大批活跃在农村发展建设各领域的能工巧匠，为长期改善农村生产生活环境和面貌打下人才基础。上级部门要积极动员选派政治素养强、发展能力强的人才到贫困村充实村"两委"班子，同时组建农村基层经济发展专业合作社、创办农业技术基地、领办各类经济实体，着力构建新型经营模式，带动贫困群众参与的积极性，促进其致富增收，稳定实现脱贫目标。

三是提前谋划 2020 年后民族地区的发展战略。2020 年实现全面小康后，新疆等少数民族地区在新阶段还将遇到新的贫困特征以及新的政治经济形势带来的扶贫开发新挑战。因此必须做好应对各种挑战的充分准备。一是确立社会化的扶贫开发战略，少数民族贫困地区需要进一步明确政府职责的合理边界，有序推进扶贫机制转型和动力转换，逐步告别大包大揽和对口支援，逐步建立企业、社会组织与政府同为扶贫开发执行主体并为补充的社会化的扶贫开发机制。二是确立城乡一体化的扶贫开发战略，将易地搬迁、城乡一体化扶贫作为城乡一体化战略的重点先行领域，将城市贫困人口和贫困农民工纳入扶贫范围。三是确立经济新常态下的产业扶贫战略，重点内容包括充分利用好中央有关产业转移倾斜政策，建立民族地区特色农业、生态旅游、健康医药等重点产业规划，探索社会资本与贫困群众现有资源结合的资本化、产业化路径，创新推广股份合作、所有权与经营权分离的利益兜底、二次分红等产业发展新机制，充分发挥龙头企业在产业扶贫发展中的辐射带动作用。

第三节　对口支援：强化东西协作的长效机制

所谓机制是指为实现一定目标，以预先设定的程序和规则把人、财、物有机联系起来，使它们协调运行并发挥功能。对口支援长效机制的建立和完善主要涉及其中的立法主体、实施主体、参与方和监督主体等，下面着重围绕立法主体的协调机制、参与主体的协商机制和法律实施的监督机制展开论述。

一　建立对口支援立法主体的协调机制

根据我国《宪法》规定，全国人民代表大会和地方各级人民代表大会是人民行使国家权力的机关，是立法的主体；而各级政府是权力机关的执行机关，即通常意义上的行政机关，是执行国家有关法律的主体。目前从我国对口支援法律制度的制定来看，国务院行政管理部门、省、自治区和地方政府在对口支援立法中发挥着主体作用和主导功能。而真正的权力机关，即各级人民代表大会及其常务委员会则较少参与，这在很大程度上影响了对口支援和东西协作法律的权威性、稳定性和有效性。因此，有必要加强民族地区人民代表大会及其常委会在涉及对口支援立法方面的参与积极性，与相关政府部门共同履行对口支援立法、执法和法律监督方面的职能和义务，尤其在涉及少数民族群众切身利益的项目选择、生态保护、民生科技领域要发挥积极作用，切实为民族地区实现脱贫攻坚任务和自身发展提供法律支撑。

对口支援主体涉及相对发达地区的支援方和民族地区为主的受援方，因此建立符合双方共同利益的对口支援法律制度需要双方相互协调、密切合作的工作机制。笔者认为，在现阶段国家行政管理部门、发达地区和民族地区可以考虑以下三种立法协调机制的形式：（1）国家有关部委、发达地区的人大常委会和政府、民族地区的人大常委会和政府共同召开年度的对口支援法律制度研讨会或论坛，从国家治理层面、相关资源跨区域流动规律以及民族地区经济社会发展现实需求等多方面，来探讨建立国家对口支援法、省部对口合作协议、地区间战略合作协议以及民族地区引进科技资源、人才、项目的理论依据和现实路径，最大程度在法律意识层面达成统一。（2）国家有关部委与民族地区政府、支援方人大常委会和政府与受援方人大常委会和政府建立对口支援联席制度。目前科技部与西藏、新疆等都有类似的科技对口支援联席会议制度，北京市与新疆、西藏和青海也有类似的制度，一般情况每年召开一次会议，由双方主要负责人参加，讨论未来一年重点合作项目和计划。但是，随着对口支援项目的深入实施，要素资源投入、本土人才培养、技术创新收益分配、知识产权保护等都需要双方有预先设定的法律制度来调整和规范。因此支援方主体的人大常委会和政府都应该积极参与到联席会议中，或建立专门对口支援法制化的联席会议，由人大常委会、政府法制办和职能部门有关负责同志或委托的专家来参与。（3）对口支援双方成立以制定项目合作计划和有关法律制度为目标的协调委员会或工作小组，专门就对口支援和项目合作的协议内容和相关法律制度的起草、修改、审议等开展工作。目前这种形式在实践中还较少，但却是最具工作效率，需要积极推广。

立法协调机制建立后，需要协商解决的核心内容包括：

（1） 双方对口支援和项目合作法律文本的规划、调研、起草、审议、发布等具体内容、程序和措施。对口支援法律制定必然涉及跨区域的立法主体之间的合作，特别是一些条款内容可能会与民族地区自治条例或少数民族习惯法发生冲突，这就需要在前期法律文本起草的过程中双方充分交换意见、广泛调查研究，就法律文本实施后可能引起的一些社会影响进行预测，最大程度发挥法律制度的引导和预期功能。（2） 围绕对口支援的目标和任务，协商对口支援主体间签署的法律文本或合作协议的执行方式、实施主体、监督主体以及时间期限等内容。法律制度对外发布后最重要的是由谁来执行，由谁来监督，以及法律效力的时间期限。因此在立法的过程中上述执行主体、监督主体需要加以协商明确，并就执行的流程和监督的程序进行原则性规定，这样才能为法律制度的实施奠定坚实基础。

二　完善对口支援参与主体的协商机制

有关科研机构、高等院校、医院、企业和支援民族地区的各类科技工作者既是对口支援实践活动的参与主体，也是履行对口支援政策制度和项目合作协议的义务主体。完善对口支援主体参与对口支援制度设计、过程执行和效果评价的协商机制是提高精准扶贫针对性和有效性的关键环节，更是推进民族地区民主法治进程的现实要求，其中尤为重要的是相关企业、科技工作者在立法环节即法律制度制定过程中能否充分发表意见、反映利益诉求直接影响着一部法律的质量和效果。因此，笔者重点分析对口支援参与主体如何参与相关立法活动的原则、范围、程序以及保障等内容。

对口支援实施过程中的科研人员、管理人员以及企业家等能否参与相关法律制度和政府间协议的制定过程，是充分实现宪法提出的公民知情权、参与权、表达权和监督权的重要内容；而参与的形式可以参考 2000 年我国颁布的《立法法》中有关规定，即公众参与立法的形式主要包括座谈会、论证会、听证会、书面征求意见等。笔者结合对口支援法律制度和东西部地区政府间项目合作协议完成的通常三个阶段，即制度计划或准备阶段，草案到法的阶段（协议形成到具有法律效力的阶段），法律实施后的完善阶段来进一步说明如何建立相应的参与协商工作机制。（1）对口支援法律制度或政府间对口支援协议的计划准备阶段，立法机关或政府部门在此阶段主要是确定未来一定时期对口支援法律制度立法的重点、内容以及现实中急需法律规范的问题，这就需要在对口支援参与主体中广泛收集立法建议，从中进行分析、整理和调研，在此基础上提炼并确定具体立法的内容和法律草案起草的基本思路。所以，主体类型的全覆盖和参与人员的广泛性是这一阶段协商机制的核心。方法可以通过利用互联网在限制期限内针对对口支援参与者广泛征集立法意见，也可以通过大量的问卷调查来实现。（2）从法律草案到法的阶段或地区间合作协议的形成阶段，这一阶段责任部门的工作目标是尽快完成法律的起草、提案、审议和发布（或合作协议内容的起草），因此专业性和可操作性的法案建议是重点。因此，书面咨询对口支援专家意见，召开专业人士座谈会或听证会，以及深入对口支援的企业、社团和科研院所进行调研是较好的选择形式。（3）法律实施（合作协议实施）后的完善阶段，这一阶段主要是对立法质量以及社会对法律制度运行的反映进行评估，从而为制定法律执行细则或修改部分条款做准备，所以要求把法律制度起草者与对口支援实践者之间的互动性作为重要目标，问卷调查、座谈会、现场调研是满足这一目标的较好方式。

　　以上说明了对口支援主体参与立法或政策制定的不同协商机制。此外，最为重要的是要建立和完善支持协商制度程序化、固定化的制度，正如北京大学的行政法专家王锡锌教授指出，"公众参与的基本评估框架依赖于一个系统化和层次化的公众参与制度体系。这一制度体系区分为三个层次，即公众参与的基础性制度、公众参与的程序性制度、公众参与的支持性制度"①。笔者非常赞同王教授的观点，在完善公众参与立法协商工作机制的同时，希望国家在这方面也进一步完善相关基础性法律制度和实施细则，从根本上降低公众参与法治建设的时间成本和经济成本。

三　加强对口支援制度实施的监督机制

制度监督体系通常是指一个国家或地区由各种相互联系、功能互补的法律制度监督形式组成的系统性有机体系，一般情况下包括国家监督和社会监督。根据对口支援的政治性、市场性以及专业性等特征，在制度监督机制方面应该重点从以下几方面建立和完善。

（一）强化各级权力机关的法律监督

2006 年，全国人大常委会通过了《中华人民共和国各级人民代表大会常务委员会监督法》，这部法律在宪法的框架下，进一步明确和规定了各级人大常委会作为权力机关的监督职能，其中第八条规定："各级人民代表大会常务委员会每年选择若干关系改革发展稳定大局和群众切身利益、社会普遍关注的重大问题，有计划地安排听取和审议本级人民政府、人民法院和人民检察院的专项工作报告。"对口支援作为事关民族地区经济社会发展和少数民族群众切身利益的重大举措，建议全国人大常委会民族委员会和教科文卫委员会组成联合执法检查组，对各民族地区贯彻落实《民族区域自治法》《科技进步法》和《科普法》中涉及的精准扶贫和对口支援内容进行检查，重点发现近些年民族地区在法律实施过程中遇到的困难，从国家治理层

---

① 王锡锌：《公众参与和行政过程个理念和制度分析的框架》，中国民主和法制出版社 2007 年版，第 45 页。

面提出改进实施的法律对策。同时，建议各民族自治地区的人大常委会根据本地区发展规划和开展对口支援的实际情况，定期审查同级政府在制定促进民族地区扶贫脱贫、引进项目资源和人才等方面的法律性文件或非法律文件情况；对促进本地区高新技术产业发展和人才引进的法律法规进行跟踪调研；围绕涉及民族地区资源开发、生态保护以及少数民族群众利益的重大项目，组织专门的调查委员会进行项目审批程序合法性和报备文件合法性的审查。

（二）完善政府部门的行政监督

国务院在颁布的《实施〈中华人民共和国民族区域自治法〉若干规定》和科技部、国家民委等发布的相关法规中都涉及了上级国家机关帮助民族自治地方加快科技进步的专门规定。例如，科技部、财政部在专门针对民族地区的转移支付过程中有科技基础设施建设专项，同时在国家 863 计划、973 计划和科技惠民计划等项目中都明确了对中西部地区和民族自治地区的支持力度和名额分配比例。因此在实施这些上级政府援助的计划和项目时，关键是加强对对口支援和精准扶贫的资金和项目的全程监督。主要内容包括：（1）依据有关法律法规，检查承担援助任务的单位和部门是否按照法律规定履行了支援民族地区发展的义务，同时对援助资金和项目的合法性进行审查。（2）依据《审计法》和《审计法实施条例》以及对民族地区申请国家专项转移支付的资金进行审计，重点审计是否存在弄虚作假，套取财政资金，截留、挪用项目资金，自筹资金是否到位等问题。（3）民族地区政府要积极探索建立民族对口支援的行政问责制与责任追究制度，在强化中央转移支付资金预算科学化管理的基础上，健全与扶贫脱贫规律和经济社会发展规律相匹配的绩效评价体系以及领导干部在履行责任过程中的责任设定机制，进一步增强民族地区政府部门在使用资金、管理资金和支出资金方面的责任意识，提高民族地区项目引进、实施的成功率和对其他产业的支撑作用。

（三）推动民族地区第三方社团的专业监督

社会团体是基于特定领域专业人才的学科、兴趣而成立的，对内可以满足成员的兴趣需要，对外则承担相应的社会职能，满足成员的政治、经济、社会、文化发展需要。[①] 因此，笔者认为社会团体最主要的特征是公益性、专业性以及人才聚集性。利用社团的上述优势，是推动提升民族地区对口支援立法和执法质量的重要途径之一。（1）基于社团的公益性特点，可以邀请社团作为第三方，在检查对口支援资金分配制度执行、项目评审、人才评价、奖项评选的过程监督中发挥自身的优势和独特价值。（2）基于社团的专业性特点，民族地区司法机关如检察院、法院等在判决涉及知识产权纠纷、专业技术纠纷、项目合同纠纷等案件时，可以与相关社团进行合作开展技术评估和建议，为相应的法律调解和判决提供科技支撑。（3）基于社团的人才聚集性特点，立法机构或执法部门可以在立法、法律实施评估、法律修改方面，请有关社团推荐知识产权、技术转移、科技评价等领域的专家、学者，通过召开座谈会或组成咨询委员会，参与到法律制定和实施的全过程中，以此提高法律制度的现实针对性和可操作性。

（四）鼓励对口支援工作者的社会监督

参与对口支援的工作者是对口支援政策制度和项目协议的执行者和参与者，对其中存在的不足以及改进建议具有最直接的发言权，上级机关和政府部门要通过建立对口支援工作者的监督机制，来及时反映他们提出的意见和建议。具体形式有以下几种：（1）重视各级人大代表中来自高校、科研院所以及创新型企业技术人员的议案和建议，建议各级人大常委会的教科

---

① 王春法：《充分发挥科技社团在国家创新体系建设中的作用》，《学会》2008 年第 4 期，第 17 页。

文卫委员会围绕民族地区对口支援法律制度建设和完善进行专题调研和问卷调查，定期对法律制度实施和对口支援协议执行进行跟踪研究，及时发现需要改进和修改的法律条款。（2）重视各级政协组织中科技界、科学界委员的提案和建议，将政协委员中合理的对策建议及时反映到有关部门。（3）发挥网络媒体等舆论监督的平台作用。建议对口支援地区的网站、期刊和报纸设立专门的对口支援制度实施和项目进展讨论板块，一方面有利于促进政府对口支援信息的公开；另一方面，鼓励参与者通过传统媒体和新兴媒体发表自己的意见和建议，不断提高他们参与行政管理的科学化和民主化水平，更好地行使自己的监督权。

第四节　易地搬迁：探寻因地制宜的有效路径

易地搬迁在我国反贫困过程中发挥了重要作用。仅在"十二五"期间，在中央财政和地方财政支持下，就有1171万人通过易地搬迁改善了生活条件。在"十三五"期间，我国计划有近1000万的农村贫困人口通过易地搬迁实现脱贫。正如习近平总书记指出的，易地搬迁脱贫一批是一个不得不为的措施，也是一项复杂的系统工程，政策性强、难度大。要拓宽资金来源渠道，解决好扶贫搬迁所需资金问题。要做好规划，合理确定搬迁规模，区分轻重缓急，明确搬迁目标任务和建设时序，按规划、分年度、有计划组织实施。易地搬迁对于实现精准扶贫的目标意义重大，特别是对于统筹贫困地区经济社会发展，帮助扶贫对象建设美好家园、缩小发展差距、共享小康成果作用明显。从对策建议角度而言，宏观层面易地搬迁需要进行资金、土地、生态等公共政策的科学规划与合理安排，中观层面需要政府、企业、移民构建和谐良好的生产、生活秩序，微观层面需要致力于移民安置区基础设施配置、公共服务的基本保障等。

一　与新型城镇化和农业现代化战略相结合

新型城镇化基本要求是坚持以人为本，以新型工业化为引领，以统筹兼顾为原则，推动城市现代化、城市集群化、城市生态化、农村城镇化，重在全面提升城镇化质量和水平。因此，在易地搬迁的规划和设计过程中，首先要以贫困人口的发展需要为本，推进贫困人口市民化，切实通过搬迁提高他们的科学文化素质和生活质量，把促进有能力在城镇稳定就业和生活的常住人口有序实现市民化作为首要任务。其次要优化布局，根据资源环境承载能力构建科学合理的安置区域宏观布局，促进大中小城市和小城镇合理分工、功能互补、协同发展，在此基础上因地制宜发展产业，提升易地扶贫搬迁群众的产业竞争力。再次要围绕提高城镇化发展质量，大力提高城镇土地利用效率、能源利用效率，降低能源消耗和二氧化碳排放强度，扩大森林、绿地、湿地等绿色生态空间比重，增强水源涵养能力和环境容量，尽可能减少对自然的干扰和损害，要传承历史和民族文化，发展有历史记忆、地域特色、民族特点的美丽城镇。

农业现代化是提高搬迁群众收入水平和增强搬迁群众生产生活能力的保障。一是充分利用特色优势资源、先进实用技术、农业科技服务、特色优势产业，通过扶持农民专业合作社、致富带头人及互助资金带动和帮助搬迁群众发展生产、增加收入，综合发展劳动密集型＋小规模经营户＋农民专业合作社和土地利用型产品＋适度规模经营户＋社会化服务组织现代化农业，结合相关政策和技术水平提升，适时进行调整经营，促进产业差异化竞争。二是协调推进高水平现代农业示范区建设，大力发展乡村特色生态农业，依托自然资源、生态环境和少数民族风俗发展休闲农业和乡村旅游。三是大力发展互联网＋农产品、互联网＋物流和农村电子商务，支持适应乡村特点的电子商务服务平台、商品集散中心和物流中心建设，进一步强化产业销路选择，提升产品销售实效，推进农业生产资料下乡，农产品进城。

二　集中安置与分散安置相结合

集中安置要依托集镇、中心村周边附近交通便利、公共服务配套水平高和就业条件好的地方，采取统规统建或统规自建的方式，引导搬迁群众集中安置。首先，要增强组织融合力，重构组织脉络和管理框架。安置工作的快速推进，极大地改善了百姓的居住条件，但由此带来的"人户分离"现象客观上造成了"百姓找社区难，社区找百姓也难"的尴尬境况。对此，按原属户籍实行分散管理的模式必须摒除，打破条块分割的统一的属地化管理模式必须建立，探索按区块在安置小区新建社区，实现属地化管理。入驻社区全面转接各项社会事务，所需管理费用与辖区内非"原籍地"的居民所在村（社区）分别结算，方便小区居民就近办事。其次，要增强利益融合力，均衡利益分配机制。调研中发现，单纯地打破户籍壁垒并非难事，厘清户籍关系背后的经济利益才是工作的重心，以村（社区）集体经济股份合作社发展转型试点工作为契机，对原村（社区）的集体资产进行统一管理、统一运作，增强社区管理的造血功能，也间接地使居民由村级股东转变为街道级股东，享受街道层面红利的再分配，实现股金分红的均衡性。另外政府通过资金投入，逐步统一福利标准，确保居民能享受到无差别的救助、扶贫、优抚、养老、卫生、计生等公共服务和福利保障。再次，增强文化融合力，营造丰富多彩的社区文化氛围。以各类主题活动为引领，倡导邻里之间团结友爱、互帮互助，引导居民树立"同在社区住，都是一家人"的意识，拉近邻里间的距离，促进社区新风形成，有效增强集中安置小区居民的归属感。以党员志愿者队伍、青年志愿者队伍为支撑，引入各类社会公益慈善组织在安置房小区内开展各类志愿活动，通过设计开展多类型的群众喜闻乐见的文体活动，为百姓参与文体活动提供平台。

分散安置主要包括群众自愿自主建房、投亲靠友和自购房屋等。对于自主建房的，在安置方式选择上，根据当地自然地理条件，在充分尊重贫困户意愿的前提下，科学有序实施分散安置；在分散安置过程中，坚持发挥贫困户的主体作用，督促施工方吸纳具有劳动能力的贫困户参与自家住房建设，实现搬迁贫困户既得房屋又得收入，确保搬迁贫困户是安置房建设的参与者，让搬迁贫困户参与工程质量监督，确保搬迁贫困户是安置房建设的监督者；在搬迁安置房建成后，搬迁贫困户入住自己全程参与的放心房，确保搬迁贫困户是易地扶贫搬迁政策的受益者。而对于搬迁对象通过进城务工、投亲靠友等方式自行安置的，除享受政府规定的扶贫搬迁补助政策外，迁出地和迁入地政府应在户籍转移、社会保障、就业培训、公共服务等方面给予全程引导和全面支持。

三　政府调控和市场机制相结合

易地搬迁要充分处理好政府引导与市场推动的关系。既坚持使市场在资源配置中起决定性作用，又更好发挥政府在改善制度环境、编制发展规划、建设基础设施、提供公共服务、加强社会治理等方面的职能；尤其是注意协调好中央和地方关系，中央制定大政方针、确定城镇化总体规划和战略布局，地方则从实际出发，贯彻落实总体规划，制定相应规划，创造性开展建设和管理工作。

各级政府在易地搬迁中要充分发挥基础和主导作用。首先是精准确定搬迁对象，突出重点、严格标准、规范程序，确保搬迁对象经得起历史检验和群众监督。其次是精准编制规划方案，按计划有序组织实施，精准选择安置方式，科学布局，严格把关。再次是精准用好各类资金，认真落实建房补助资金，加强资金监管，提高资金使用效益，特别是要精准实施项目建设，严格控制住房建设标准，合理安排建设方式，强化项目建设管理，确保工程质量。最后是精准落实帮扶措施，确保扶贫搬迁群众搬得出、稳得住、能脱贫、可持续。此外，关于中央、省、市、县四级政府在易地搬迁方面的具体职责定位，建议中央和省级政府在实施公共财政向基础设施建设、资源环境、生态建设等领域投入，以及制定易地搬迁预算内资金年度投资计划时，加大对欠发达地区均衡性转移支付力度，减少或取消省级贫困县以及集中连片特殊困难地区县级的配套资金，以减轻县级政府财政负担，改善欠发达地区城乡居民生产生活条件。

市场主体在易地搬迁中的作用十分重要，只有通过市场主体才能将贫困对象纳入市场体系，建立起产业精准扶贫长效机制，并通过发展产业带动贫困户脱贫。其中最为基础的是充分发挥企业参与脱贫攻坚的作用，在移民搬迁过程中有效导入特色产业，从而让群众"搬得出、稳得住、能致富"，实现造血式、可持续的扶贫。国家相关部委可以围绕企业参与移民搬迁扶贫的案例进行调研，在此基础上形成对企业参与搬迁扶贫的指导意见，总结成功模式进行推广。各地政府可以探索建立健全政府购买企业服务机制，按照公平、公开、公正的原则，支持各类市场主体和社会组织通过公平竞争来承接适合市场化方式提供、社会力量能够承担的移民搬迁项目。各地按照应保尽保的要求，加大对易地扶贫搬迁地区增减挂钩指标支持，特别要向脱贫攻坚任务重的省份倾斜。企业在扶贫开发产业项目中需要征收或征用土地的，在土地使用计划指标上给予倾斜；企业对移民搬迁旧村宅基地进行复垦的，优先列入本地区城乡建设用地增减挂钩。上级扶贫管理部门要督促基层政府按照国家税收法律及有关规定，全面落实企业承接移民搬迁社区公共服务项目，如医疗、教育、养老、文化、体育等配套设施服务项目的税收减免等优惠政策；参与移民搬迁项目的企业发展配套产业，为搬迁群众提供就业岗位及技能培训的，列入劳动部门年度扶持就业促进计划，给予专项补贴。

第五节　退出机制：确保脱贫目标的如期实现

近年来，民族地区经济发展呈现强劲态势，不少贫困县纷纷脱贫。大多数地区按照党中央、国务院决策部署，以脱贫实效为依据，以群众认可为标准，建立了严格、规范、透明的贫困退出机制。但有些问题是贫困地区面临的共性难题，亟待在政策层面加以解决。例如，不同地区贫困退出标准的量化与细化问题，2020 年后贫困人口返贫的概率与自我发展能力问题，不同民族地区和少数民族间的收入差距变动问题等。由于贫富传递的"代际效应"可能在今后会逐渐显现，对民族地区的稳定也构成一定的挑战。因此，在国家财政收入增速和经济增速双下滑的情况下，如何制定替代扶贫支持的政策和措施，需要提前谋划。

一　贫困退出标准应根据各地实际情况量化和细化

贫困退出的国家标准相对比较宽泛，是为了适应地区发展差距，同时也给地方更多的弹性空间。但作为实际操作者的各地方政府，需将退出标准统一量化并尽可能细化。这既便于监督考核，也是精准脱贫的应有之义。同时，要注意标准的持续性与多维度性，以及与贫困瞄准标准的有效对接。防止地方政府不考虑成本和持续性的过多投入。建议国家层面尽快制定多维贫困退出指标体系，将内容的弹性和精准量化有机结合，防止地方退出标准过低或过高。建议地方政府对于提前脱贫的，要正向激励，防止"拖延症"，保障已稳定达到脱贫标准者及时退出，对提前退出者，各地根据实际情况可制定相应的奖励政策加以鼓励；同时要把好出口，防止"急躁者"。以往一些地方为了要扶持戴了贫困帽就不愿摘，如今要防止一些真正的贫困县，为了得到贫困退出的"好处"，"大干快上""数字脱贫"，因此需切实组织实施第三方评估，查验退出准确度，确保退出结果经得起检验。

二　以就业和社保为抓手提高贫困人口的自我发展能力

近年来，很多民族地区新增的就业岗位，更多是出于社会稳定的需要，而非经济发展的自发行为。从长远看，民族地区的经济发展要依赖产业发展和科技创新带来的就业岗位增加，同时要鼓励并帮助少数民族树立以创业为荣的多样性就业观念。在此基础上，建立培训与就业紧密衔接的机制，重点加强建筑业、制造业、服务业等吸纳就业能力强、市场容量大的行业的农民工培训，根据当地产业发展和企业用工情况，以实现就业为目标，组织开展灵活多样的订单式培训、定向培训，增强培训的针对性和有效性。同时落实好中等职业教育国家助学金和免学费政策，力争使符合条件的农村劳动力尤其是未能继续升学的初、高中毕业生都能接受中等职业教育。人力资源部门要积极开展省际劳务协作，推动经济发达地区和贫困地区开展劳务协作。

因病致贫返贫是一个亟待高度重视、协同解决的难题，建立农村贫困人口医疗兜底保障机制，是健康扶贫的重点任务之一。在精准脱贫的过程中，各地要积极推进贫困人员应保尽保和法定人员全覆盖，特别要深入贫困地区、农民工集中的高风险行业、单位和岗位，重点摸清贫困人员和贫困劳动力参加社会保险情况，采取通俗易懂的方式开展政策宣传；同时要科学整合贫困地区现有公共服务资源和社会保险经办管理资源，采取政府购买服务、增加公益性岗位、聘用合同工等方式充实基层经办力量，简化优化流程，推进标准应用，切实提升社保服务水平。此外，可以充分依托基层医疗卫生机构，结合建立分级诊疗体系，完善医保差异化支付政策，适当提高基层医疗卫生机构政策范围内医疗费用报销比例，促进贫困人员就近合理有序就医，实现基本医保、大病保险、医疗救助"一站式"即时结算，切实减轻贫困患者垫资压力。

三　持续关注不同民族地区和少数民族间的收入差距变动

　　建议民族地区的统计部门在抽样框中增加少数民族的样本量，同时加强国家民委、研究机构和地方统计局等部门的联系与交流，规范数据采集，持续收集民族地区和少数民族家庭收入数据，并进行收入、家庭财产、扶贫成效的样本分析，对民族地区贫困县、乡开展有针对性、接地气的定期调研，形成高质量的调查研究报告。探索形成"智库＋精准扶贫"合作研究机制，既要研究民族地区脱贫攻坚经验的总结，又要对民族地区贫困差异的比较和扶贫政策效果做出评价，为相关领域的研究者和民族地区的扶贫工作者定期提供基础信息，也为国家、民族地区实施精准扶贫提供合理的方法论支撑和各级政府制定相关政策措施提供决策依据。

参 考 文 献

［1］习近平：《摆脱贫困》，福建人民出版社 2014 年版。

［2］［美］波斯纳：《法律的经济分析》，柯华庆译，中国政法大学出版社 2009 年版。

［3］熊文钊：《民族法学》，北京大学出版社 2012 年版。

［4］郑长德主编：《精准扶贫与精准脱贫》，经济科学出版社 2017 年版。

［5］侯波、林建新等：《精准扶贫背景下的科技对口支援研究》，经济科学出版社 2017 年版。

［6］何得桂：《治理贫困——易地搬迁与精准扶贫》，知识产权出版社 2017 年版。

［7］高帅：《贫困识别、演进与精准扶贫研究》，经济科学出版社 2016 年版。

［8］熊文钊：《大国地方：中国中央与地方政府宪政关系研究》，北京大学出版社 2005 年版。

［9］杨明、张明国等：《技术转移与文化建设》，暨南大学出版社 2011 年版。

［10］《马列著作选读（哲学）》，人民出版社 1988 年版。

［11］《毛泽东选集》第 1 卷，人民出版社 1991 年版。

［12］邓小平：《邓小平文选》，人民出版社 1994 年版。

［13］吴宗金：《民族区域自治法学》，中央民族大学出版社 2000 年版。

［14］戴小明等：《民族法制问题探索》，民族出版社2002年版。

［15］覃成林：《中国区域经济差异研究》，经济出版社1997年版。

［16］刘铁：《对口支援的运行机制及其法制化：基于汶川地震灾后重建的实证分析》，法律出版社2010年版。

［17］福建省科学技术厅：《福建省科学技术厅与新疆昌吉回族自治州人民政府签署的科技对口支援协议书》，2006年。

［18］毛泽东：《论十大关系》，选自《建国以来重要文献选编》（第八册），中央文献出版社1994年版。

［19］《中华人民共和国宪法》，1982年。

［20］《中华人民共和国民族区域自治法》，2001年。

［21］国务院办公厅　国务院西部开发办：《关于西部大开发若干政策措施的实施意见》，2001年。

［22］国务院：《国务院关于进一步推进西部大开发的若干意见》，2004年。

［23］国务院批转：《经济发达省、市同少数民族地区对口支援和经济技术协作工作座谈会纪要》，1983年。

［24］A. V. Dicey：*Introduction to the Study of the Law of the Constitution*. London：Macmillan Ltd. 10th ed. 1959.

［25］Charles Tiebout. A Pure of Local Expenditures，*Journal of Political Economy*，Vol. 64，1956.

［26］Dawn Oliver. The Underlying Values of Public and Private Law，in Michael Taggart ed. ，*The Province of Adiministrative Law*，Hart Publishing，1997.

［27］Luke Keele. *Social Capital and the Dynamics of Trust in Government.*

后 记

我随伟光院长到新疆调研，接到研究精准扶贫的工作任务后，在近两年的时间里始终不敢懈怠。

在侯波同志的鼎力配合下，终于在戊戌狗年即将来临之际拿出了初稿，并惴惴不安地送请伟光院长审阅。令我感到荣幸的是，伟光院长不但在百忙之中审校了书稿，还亲自为本书作序，并对我们未来的研究提出了新的要求。至此，终于松了一口气，一块沉甸甸的石头终于落地了。

本书稿得以完成，我们不会忘记本课题组的同事们给我们的指点和智力贡献。在此特别感谢国家发改委社会发展研究所张本波研究员、军事科学院闫文虎研究员、中国社会科学院国家全球战略智库赵江林研究员和张中元副研究员、人力资源和社会保障部李华女士在课题研究中提供的支持和帮助。

本书完成后，中国现代国际关系研究院原院长陆忠伟研究员、宁夏大学中国阿拉伯研究院院长李绍先教授、中国国际文化交流中心秘书长丁奎淞研究员、中国社会科学院边疆研究所所长邢广程研究员、中国社会科学院政治学研究所所长房宁研究员、中国社会科学院欧洲研究所所长黄平研究员、中国社会科学院国家全球战略智库副理事长张宵研究员等专家对本书的完善提出了许多有见地的意见，并在百忙之中出席了本课题的结题评审会。在此，特向以上专家学者表示我们衷心的感谢。

本书得以付梓，有赖于中国社会科学出版社社长赵剑英、总编辑助理王茵和责任编辑喻苗。他们的专业素养和专业水准让本书增色不少。

特别需要鸣谢的是，本课题得到了中国开发性金融促进会、中国社会科学院新疆智库的研究经费支持和资助。陈元会长亲自批准了我们的研究方案和经费预算，邢广程所长多次过问并亲自督促落实课题经费事宜。经费的及时到位，确保了课题研究工作的顺利进行。在此，特向两家赞助机构表示衷心感谢。

由于我们的研究水平有限，本书难免尚有许多瑕疵。在此，敬请各位读者不吝赐教并提出宝贵意见。你们的批评将是我们继续前行的动力。

王灵桂

2018 年 2 月 11 日

专 家 推 荐

　　精准扶贫是习近平总书记历来高度关注的重要工作，是全面建成小康社会决胜阶段指导我国扶贫工作的重要方针。中国社会科学院王灵桂、侯波两位学者撰写的该报告，对精准扶贫的理论基础、制度与经验借鉴、和田实践及对策建议进行了深入分析与研究，符合党中央的方针政策。

中国现代国际关系研究院原院长　陆忠伟

　　这是一本从学术上全面论述精准扶贫思想的专著。该书从精准扶贫的理论渊源、内涵和意义以及对党中央、国务院有关的制度梳理入手，广泛借鉴各种类型的精准扶贫经验，最终聚焦精准扶贫在新疆和田地区的具体实践，并提出了精准扶贫的对策建议。目前全党全国上下正在为2020年全面脱贫而努力奋斗，该书极具现实意义和理论价值。

宁夏大学中国阿拉伯研究院院长　李绍先

　　本报告对精准扶贫的理论研究较深入，就扶贫理论、实践有新的突破，系统性强，具有指导工作的现实意义。

中国国际文化交流中心秘书长　丁奎淞

　　新疆和田精准扶贫具有理论价值和现实意义，新疆和田地处南疆，属于全国贫困地区，研究和田地区精准扶贫对新疆南疆精准扶贫工作具有借鉴意义。

中国社会科学院边疆研究所所长　　邢广程

　　精准扶贫、新疆和田的扶贫问题是涉及国家安全、稳定的重大政治问题。本报告坚持了正确的政治方向，完全符合党中央的方针、政策及相关精神，具有重要的理论和现实意义。

中国社会科学院政治学研究所所长　　房　宁

　　本书具有重大现实与政策意义，研究理论与方法符合马克思主义基本原理，符合中央特别是习近平总书记关于精准扶贫的思想，有较强的学术价值与应用价值，也颇有创新，"和田思考"具有参考价值，提出的政策建议具有操作性。

中国社会科学院欧洲研究所所长　　黄　平

　　该书既有理论论述，更有技术操作层面的研判与分析，以及务实管用的对策建议；既讲成绩，又直面困难，始终坚持问题导向，坚持创新思维，在精准上做扶贫这篇"大文章"，对打好精准扶贫攻坚战，确保2020年全面建设小康社会"一个不掉队"具有重要的理论创新意义和实践指导意义。

中国社会科学院国家全球战略智库　　张　霄